W0310904

KOSMOS
REPORT

kosmos

Dieses Buch entstand in Zusammenarbeit mit der Ausstellung EXPEDITION TITANIC, präsentiert in der Hamburger Speicherstadt vom 8. Mai bis 9. November 1997.

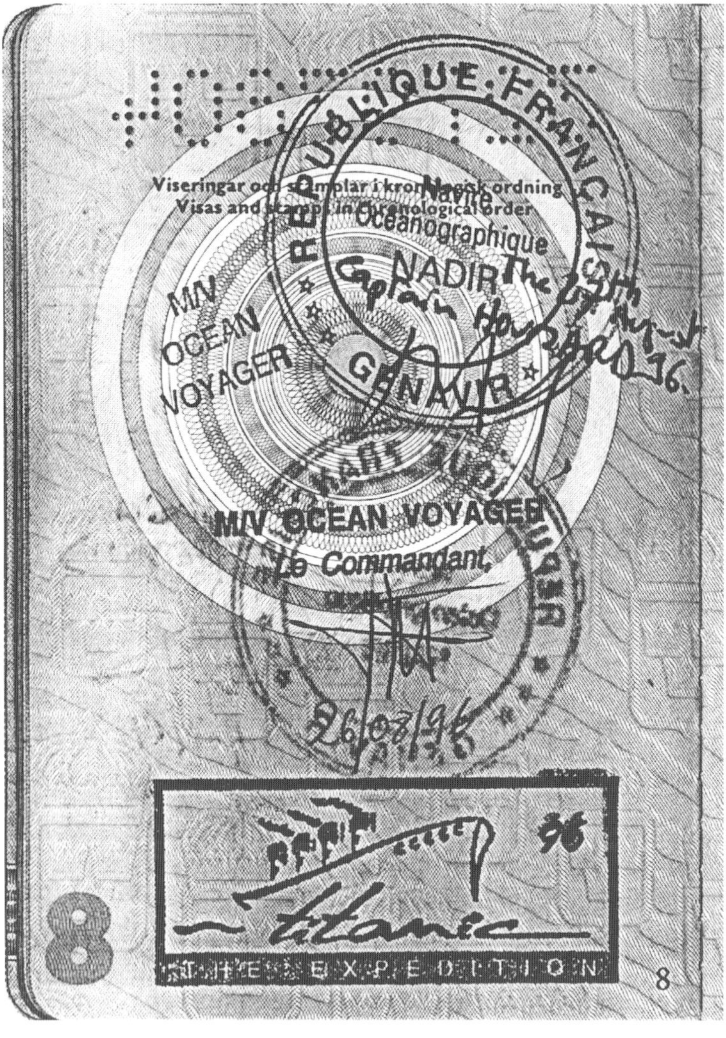

Inhalt

Einleitung

Die Jahrtausendwende vor Augen, befinden wir uns in einer Zeit, in der die Menschen vor Aufgaben stehen, die nach neuen Lösungswegen verlangen. Die Welt hat sich für alle dramatisch verändert, aber längst nicht alle wissen, mit diesen Veränderungen umzugehen und zu leben: Gerade in Deutschland herrscht nach dem Fall der Mauer, nach der europaweiten Auflösung eines politischen Systems, diesem „Aufbruch ohne wirkliche Stimmung“, oft eine Orientierungslosigkeit, die durch alle Generationen reicht.

Diese Zeit ist aber auch ein Geschenk an alle Generationen, soweit sie realisieren, wie sehr wir vor Entscheidungen stehen: Die Globalisierung der Märkte, die ökologische Frage sowie die weltweite Kommunikation im Datennetz sind nur einige Aufgabenstellungen, die zu bewältigen sind.

Auch im Jahre 1997 erscheint Deutschland noch immer wie ein Bahnhof, auf dem die Menschen angestrengt auf die Ansage warten, damit sie ja den richtigen Zug in die richtige Richtung nehmen. Vielleicht haben wir den Glücksfall der Maueröffnung als Chance für eigene Initiativen verpaßt, weil wir uns weiter auf die verlassen, die – von uns gewählt – das Leben und Denken im politischen Rahmen „schon richten werden“.

Neue Wege, neue Lösungen

Wir selbst sind jedoch aufgefordert, eigene Visionen und Utopien zu entwickeln und auch zu leben. Es ist nicht die Zeit, vor Problemen wegzulaufen und sie vertrauensvoll der nächsten Generation zu vererben, da wir meinen, „unseren Teil der Arbeit" ja bereits getan zu haben. Heute ist jeder Schritt – auch wenn es nur unser Weg zur Arbeit ist, den wir oftmals angewidert gehen – ein Signal an die Menschen um uns herum.

Niemand kann voraussagen, was der Bürger mit seinem Engagement künftig in der Gesellschaft bewirken kann, aber er ist gefordert, Wege zu gehen, die eine Verpflichtung in sich tragen, auf jeden Fall Verantwortung zu übernehmen. Der Grat zwischen Zukunft und Untergang der Welt ist sehr schmal geworden. Geld macht den Grat nicht breiter: Denn niemand kann in einem Steuerparadies bessere Luft kaufen, niemand kann eine glückliche Gesellschaft als Aktienpaket ordern. Wir sind aufgefordert, neue Lösungen zu finden.

„Wir", das sind Familien, Dörfer, Städte, Länder, Nationen, Kontinente.

„Wir", das sind alle vieler Generationen, die unabhängig von Alter und Geschlecht gemeinsam in dieser Welt leben müssen.

Über unsere alltäglichen Sorgen hinaus müssen wir Wege finden, die Phantasien zulassen und fördern, damit jeder von uns positive Perspektiven für sein Leben gewinnt.

Ein Probelauf für die Zukunft

Ein Mythos kann die Wege ebnen und neu erfinden, da er sich aus Träumen, aber auch Ängsten gebildet hat. Er gleicht einem eigenständigen Wesen, das die Schaltkreise des menschlichen Denkens neu beleben kann.

Der „Mythos Titanic", eine Expedition zu dem Ort, aus dem heraus der Mythos entstand, ist gleichermaßen getragen von der Suche nach Wahrheiten und der Hoffnung auf Träume. Eine Expedition zum Wrack der *Titanic* ist so etwas wie ein Probelauf für die Zukunft, weil eine solche Unternehmung zeigt, wie ein internationales Team mit unterschiedlichen Mentalitäten und Denkweisen zusammenleben und -arbeiten kann.

Dieses Buch möchte Interesse an einem Thema stiften, das sich zwar in einem Untergang gründet, heute aber durch Hoffnungen und neue Möglichkeiten des Zusammenlebens voller Lebendigkeit ist.

Die Monster der Technik

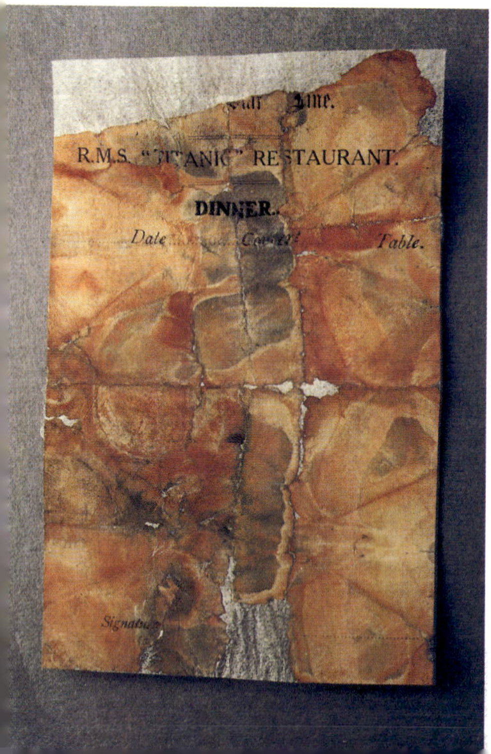

Der Blankovordruck für die Speisekarte des 1.-Klasse-Restaurants. Wer hier speiste, tat das auf eigene Rechnung. Die fiel immer hoch aus.

Als die *Titanic* vom Stapel lief, war das ein erster Höhepunkt im Wettstreit zwischen den Reedereien um den Bau immer größerer Schiffe. In der zweiten Hälfte des 19. Jahrhunderts hatte dieser Wettbewerb, angetrieben vom Glauben der westlichen Gesellschaft, die führende Zivilisation der Welt zu sein, seinen Anfang gehabt.

Ein Meilenstein dazu war die Londoner Weltausstellung im Jahre 1851, die im Kristallpalast, einer neuartigen Glas- und Stahlkonstruktion, stattfand. Fast alle Länder beteiligten sich an der Ausstellung, bei der die neuesten technischen Weltwunder gezeigt wurden. Im Zentrum aller stand Großbritannien, das in den kommenden Jahren die führende Rolle unter den industrialisierten Nationen einnehmen sollte. Gegen Ende des Jahrhunderts weitete Großbritannien sein Imperium aus und importierte aus allen Kolonien Rohstoffe, die dann weiterverkauft wurden. Geringe Löhne trugen zum industriellen Fortschritt bei.

Durch den immer intensiveren Handel mit dem amerikanischen Kontinent begann auch die Blütezeit der Reedereien. Aber nicht nur britische Schifffahrtslinien kämpften um die Vorherrschaft auf den Weltmeeren: Im Jahre 1847 war die Hamburg–Amerika-Linie gegründet worden, zehn Jahre später der in Bremen beheimatete Norddeutsche Lloyd. Beide Linien konstruierten gegen Ende des Jahrhunderts

Porzellan und Steinzeug: ein Täßchen mit Untertasse aus der 1. Klasse, eine Tasse mit blauem Ornament aus der 2. Klasse, blumig geschmückte Platte und Bouillontasse aus der 2. Klasse, schlicht und weiß das Geschirr der 3. Klasse.

einige der schnellsten Schiffe, die zwischen Nordamerika und Europa verkehrten und mit dem „Blauen Band" für die schnellste Atlantiküberquerung ausgezeichnet wurden.

Im Luxus über den Atlantik

Mit der Zeit nahmen die Schiffahrtslinien einen immer größeren Stellenwert in jedem Land ein. Das Prestige aus diesem Geschäft spiegelte eine Kombination aus wachsendem Nationalismus und Profitsucht wider. Dabei spielte die äußere Fassade eine sehr wichtige Rolle: Die

Teller aus der 1. Klasse mit dem Aufdruck der White Star Line.

Schiffe mußten äußerlich wie auch durch die Innenausstattung etwas her machen. An die Stelle kleiner Schiffe rückten immer größere. Die einst so schreckliche Erfahrung einer Ozeanreise wurde durch eine vergnügliche Fahrt ersetzt. Dies galt natürlich in erster Linie für die Passagiere der 1. Klasse und zu einem gewissen Grad auch für die der 2. Klasse. Die 3. Klasse wurde für eine lange Zeit noch als eine Art Viehtransport betrachtet, der allerdings beachtliche Summen an Geld abwarf.

Immer weiter wuchsen die Schiffe. Auch kamen immer mehr Einrichtungen hinzu, die der Annehmlichkeit an Bord dienten, aber noch immer glich gegen Ende des vergangenen Jahrhunderts das Schiff einer isolierten Insel ohne jede Möglichkeit, mit dem Festland zu kommunizieren. Erst mit der Einführung der drahtlosen Telegrafie und später der des Radios traten Veränderungen ein. Die Rückstände bei der Kommunikation wurden durch Größe und Luxus kompensiert.

Die *Olympic* und ihre Schwesterschiffe machten es mehr als deutlich, in welchem Maßstab Schiffe jetzt gebaut wurden. Alles war groß. Ein Mann, so heißt es, der die Länge der *Titanic* abschritt, als sie in Southampton vor Anker lag, benötigte dazu 300 große Schritte. Als sie ein paar Tage später gesunken war, konnte es niemand glauben: Ein Schiff dieser Größe konnte einfach nicht sinken. Das ging über die Vorstellungskraft eines jeden hinaus.

Niederlage des Fortschritts

Der Untergang der *Titanic* war nicht nur aufgrund der vielen Opfer schrecklich. Er war auch ein großer Schlag gegen den Glauben an den Fortschritt der Technik und gegen die schier unerschütterliche Überzeugung, daß der Mensch die Natur erobert hätte.

Der Untergang der *Titanic* führte jedoch nicht dazu, diese „Monster der Technik“ in ihrem Wachstum aufzuhalten. Auch wenn es einige Überlegungen in dieser Richtung gab, die Sicherheitsbestimmungen hier und da neu festgelegt wurden und man zu einem besseren Verständnis der Naturkräfte gelangte, wurden Schiffe mit immer größeren Ausmaßen gebaut. Zwar brachte der Erste Weltkrieg den Fortschritt der Technik auch im Bereich der Schiffsindustrie für einen kurzen Moment zum Stillstand, doch bereits kurz nach Kriegsende ging der Wettbewerb weiter, der bis in die Gegenwart hinein andauert. Immer neue Schiffe werden in den Dienst berufen. Die „Monster der Technik“ werden immer größer, nur sind es heute keine Passagierschiffe mehr, sondern Kreuzfahrtschiffe und Fähren.

Die Verwundbarkeit einer Fähre zeigte sich in ihrem schrecklichsten Ausmaß, als am 28. Februar 1994 die *Estonia* unterging und fast 900 Menschen mit sich in die Tiefe riß. Deshalb ist es wahrscheinlich notwendig, sich immer wieder der Worte J. B. Priestley zu erinnern: „Eine sich immer schneller entwickelnde Gesellschaft (...) ist immer der Gefahr der Selbstüberschätzung ausgesetzt, der Ansicht, man sei unwiderstehlich in seiner Macht und der ewigen Verteidigung und der Eroberung – einst die Meere und nun die Luft und das All. Es gäbe einige Orte, die unversehrt geblieben wären, trügen sie große Schilder mit der Aufschrift: ‚Vergeßt niemals die Titanic!‘“

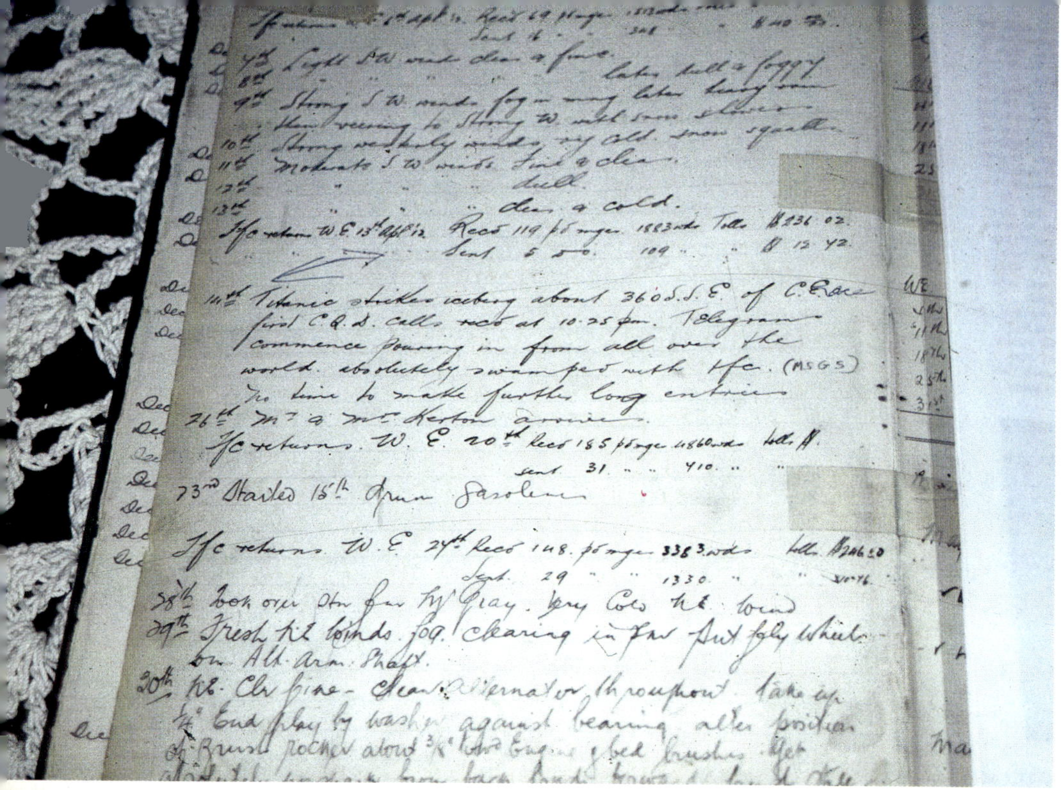
9th Strong S.W. winds fog ...
10th Strong westerly winds, v.y cold. snow squalls
11th Moderate S.W. winds. fine & clear
12th " " dull
13th " " clear & cold.
Tfc returns W.E. 13th Apl 12 Recd 119 pg 1883 wds Tolls $236.02
Sent 6 109 $13.42
14th Titanic strikes iceberg about 360 S.S.E. of C. Race
first C.Q.D. calls recd at 10.25 pm. Telegrams
commence pouring in from all over the
world. absolutely swamped with tfc. (MSGS)
No time to make further log entries
26th Mr & Mrs Kerton arrive.
Tfc returns. W.E. 20th Recd 185 pg 1860 wds tolls $
sent 31 410
23rd Started 15th Drum Gasoline
Tfc returns W.E. 27th Recd 148 pg 3383 wds tolls $246.50
Sent 29 1330
28th Took over Stn from Mr Gray. Very Cold N.E. wind
29th Fresh N.E. winds. fog. clearing in p.m.

Oben: Das Forschungsschiff *Ocean Voyager* im Hafen von St. John's im kanadischen Neufundland. Die kleine Stadt am Meer ist seit 1985, als von hier die erste Forschungsreise überhaupt zum Wrack der *Titanic* startete, Ausgangspunkt vieler Expeditionen.

Links oben: Das Signalbuch des Leuchtturms von Cape Race in der südöstlichsten Ecke Neufundlands. Hier kamen die ersten Nachrichten über die Kollision der *Titanic* mit einem Eisberg an Land. Der Funker schreibt das Protokoll der Katastrophe.

Links unten: Heute ist Cape Race ein verlassener Ort. Thomas Merrick, Verwandter des seinerzeitigen Funkers, verwaltet den Leuchtturm nur noch. Den wenigen Besuchern zeigt er das Signalbuch mit den Eintragungen aus der Nacht vom 14. auf den 15. April 1912.

Gerhart Hauptmann über eine Schiffsreise im Jahre 1912

Das Diner begann, und obgleich das Wetter keineswegs besser geworden war, hatten sich doch jetzt, nach einer überstandenen noch größeren Gefahr, verhältnismäßig viele Esser an der Dreizacktafel zusammengefunden. Obersteward Pfundner, dessen weißes Haar auch heut vom Schiffsfriseur zwar nicht gerade in einen Zopf gebunden, aber doch gebrannt und zierlich rokokoperückenhaft zugestutzt worden war, stand wie immer in majestätischer Haltung vor einem Scheinkamin zwischen den Eingangstüren des Salons, von wo aus man am besten den Speisesaal überblicken konnte.
Ganne, „Le Père la Victoire". Es war ein Marsch. Gillet, „Loin du Bal", folgte. Bei Suppé, Ouvertüre zu „Banditenstreiche", polterten und taumelten die ewigen Skatspieler in den Saal, die sich, wie meistens, bei ihrer Partie verspätet hatten. Überall wurde viel Wein getrunken, weil es Mut machte und betäubend war. Vollstedt, „Lustige Brüder", stieg, wobei immer noch die überstandene Katastrophe besprochen wurde. „Wir hatten Notflaggen gehißt", sagte man. – „Wir haben Raketensignale gegeben." – „Gürtel und Boote wurden bereits instand gebracht!" – „Jawohl, wir haben ja Öl ausgegossen!" Und um so lauter schossen die Bemerkungen hin und her, da weder der Kapitän noch einer der Schiffsoffiziere bei Tafel war. „Der Kapitän", hieß es, „ist von morgens an nicht von der Brücke gekommen."
Plötzlich wurden die Luken von außen hell, jedermann ließ mit einem Ausruf des Staunens Gabel und Messer fallen, und nach diesem allgemeinen „Ah!" sprang alle Welt von den Stühlen empor, um stoßend, drängend, polternd und mit dem Rufe „Ein Schiff!" – „Ein Dampfer!" Hals über Kopf an Deck zu klettern, wo denn wirklich mit einer erschütternden Majestät, im Glanz seiner tausend Lichter, einer der gewaltigsten Ozeanbezwinger von damals in schöner Bewegung, stampfend und rollend, nicht weiter als fünfzig Meter entfernt, heran- und vorüberkam.
„Der ‚Fürst Bismarck'!, der ‚Fürst Bismarck'!" schrien die Leute, da der Dampfer bereits erkannt worden war. Und dann brüllte man „Hurra" aus voller Kehle. Und Friedrich brüllte! Und Hahlström brüllte! Und Doktor Wilhelm und Professor Toussaint, und was eine Kehle hatte, brüllte aus vollen Lungen mit. Das gleiche Freudengebrüll scholl vom Zwischendeck. Und nun donnerten noch zum Gruß die gewaltigen Dampfpfeifen.
Natürlich sah man auch von den verschiedenen Decks des „Fürst Bismarck" Passagiere herüberwinken und hörte trotz des Lärms, den der Ozean aufführte, wenn auch nur schwach, ihr Hurrageschrei. Der Dampfer „Fürst Bismarck" hatte damals gerade seine Weltrekordreise hinter sich, auf der er den Atlantischen Ozean in sechs Tagen, elf Stunden, vierundzwanzig Minuten gekreuzt hatte. Etwa zweitausend Menschen machten jetzt auf dem Doppelschrauber, einem der ersten Exemplare dieses Typs, die Fahrt von New York nach Europa zurück. Zweitausend Menschen, das bedeutet soviel wie eine Menge, mit der man zweimal den Zuschauerraum eines großen Theaters vom Parkett bis zur Galerie anfüllen kann.

Es wurde vom „Roland" zum „Bismarck" und vom „Bismarck" zum „Roland" mit Flaggen signalisiert. Aber die ganze Vision hatte vom Auftauchen bis zum Verschwinden noch nicht drei Minuten gebraucht. Während dieser Zeit war der kochende Ozean mit einer Flut von Licht übergossen. Erst als nur noch ein quirlender Nebel von Licht zu sehen war, hatte der „Bismarck" Musik auf Deck gebracht, und man hörte einige gespenstisch verwehte Klänge der Nationalhymne. Gleich darauf war der „Roland" wieder mitten im Ozean, mitten in Nacht, Sturm und Schneegestöber mit sich und seinem Kurs allein.

Mit doppelter Verve spielte jetzt die Kapelle eine Quadrille von Karl, „Festklänge", und einen Galopp von Kiesler, „Jahrmarktskandal"; und mit doppeltem Appetit, mit doppelter Lebhaftigkeit wurde das Abendessen im Speisesaal fortgesetzt. Bewundernde Ausrufe wie „Feenhaft!", „Märchenhaft!", „Herrlich!", „Gewaltig!" und „Kolossal!" überstürzten einander. Selbst Friedrich empfand ein Gefühl von Stolz und Beruhigung und den Lebenshauch einer Atmosphäre, die dem Geiste des modernen Menschen nicht minder notwendig als Luft seinen Lungen ist. „So sehr wir uns sträuben, Kollege", sagte Friedrich, „und so sehr ich noch gestern abend auf die moderne Kultur losgezogen bin, ein Anblick wie dieser eben genossene muß einem doch bis auf die Knochen imponieren. Es ist einfach toll, daß ein solches durch Hand und Geist des Menschen zusammengestelltes Produkt geheimer Naturkräfte, eine solche Schöpfung über der Schöpfung, ein solches Schiff nur möglich geworden ist." Sie stießen an, und man hörte an vielen Tischen anklingen.

„Und welcher Mut, welche Kühnheit, welcher Grad von Unerschrockenheit", fuhr Friedrich fort, „den seit Jahrtausenden gefürchteten Naturkräften gegenüber liegt darin, und welche Welt von Genie ist vom Kiel bis zur Mastspitze, vom Klüverbaum bis zur Schraube in diesen mächtig lebenden Organismus eingebaut."

„Und dies alles, Kollege", sagte der Schiffsarzt, „heut Erreichte ist in kaum hundert Jahren erreicht und bedeutet also erst den Anfang einer Entwicklung. Mag sich sträuben, wer will, die Wissenschaft, aber mehr noch der technische Fortschritt ist die ewige Revolution und die echte und einzige Reformation aller menschlichen Zustände. Was hier seinen Anfang genommen hat, diese Entwicklung, die ein dauernder Fortschritt ist, wird nichts mehr aufhalten." – „Es ist", sagte Friedrich, „der durch Jahrtausende passiv gewesene, plötzlich aktiv gewordene Menschengeist. Unzweifelhaft ist das Menschengehirn und damit die soziale Gemeinschaftsarbeit in eine neue Phase getreten." – „Ja", sagte Wilhelm, „auf gewisse Weise war vielleicht auch im Altertum der Menschengeist schon aktiv, aber er hat zu lange nur mit dem Mann im Spiegel gefochten." – „Hoffen wir also", bestätigte Friedrich, „daß die letzte Stunde der großen, auf uns gekommenen Spiegelfechter, Gaukler, südseeinsulanischen Medizinmänner und Zauberer nicht mehr ferne ist und daß alle Flibustier und zynischen Freibeuter, die vom Seelenfang leben und seit Jahrtausenden gelebt haben, vor dem schnellen und sicheren Meerschiff der Zivilisation, das den Intellekt zum Kapitän und die Humanität zum einzigen Hausverwalter hat, die Segel streichen."

Die Emigration aus Europa

Unter den Auswanderern auf der *Titanic* waren nur wenige Deutsche. Das Gros kam aus den nordeuropäischen Staaten. Die Gründe dieser Menschen, ihr Land zu verlassen, waren letztlich alle von der Hoffnung getragen, in der Neuen Welt ein neues, besseres Leben zu finden, auch wenn die unmittelbaren Beweggründe, ein Ticket für eine Überfahrt mit der *Titanic* zu kaufen, nicht immer so offensichtlich gewesen sein mögen, wie eine zufällige Auflistung zeigt:

- Gerda Dahlberg aus Tungelsta in der schwedischen Region Sörmland kam aus armen Verhältnissen. Sie war 22 Jahre alt, als ihr Vater Karl Magnus Dahlberg, der bis dahin Dorfpolizist gewesen war, sie nicht mehr versorgen konnte. Gerda hatte Schwestern in den USA, und so faßte sie den Entschluß, zu Signe nach Chicago zu reisen. Am 26. März 1912 holte sie ihre Abmeldung aus der Heimatgemeinde und fuhr davon.
- Carla Jensen aus Eskildstrup nahe der dänischen Stadt Odense hatte sich ihre Fahrkarte selbst zusammensparen müssen, wurde aber auf der Reise von ihrem Bräutigam Hans Peder Jensen, dessen Bruder Svend Lauritz Jensen und Nils Peder Jensen, einem Onkel der beiden jungen Männer, begleitet. Nils Peder hatte sich schon in Oregon niedergelassen, und jetzt sollte er die kleine Gesellschaft anführen. Das gab Carla ein Gefühl der Sicherheit.
- Konrad Hagland fuhr aus Haugesund an der norwegischen Westküste los. Er war Junggeselle, weshalb es auf ihn ankam, seine Eltern später finanziell zu unterstützen. 1912 gab es noch keine staatliche Altersversorgung, so daß die erwachsenen Kinder ihre betagten

Eltern durchbringen mußten. Demnach sah die Zukunft für Konrad folgendermaßen aus: „Er sollte nach Amerika reisen, um Geld für die Unterstützung seiner Eltern zu verdienen, die zwölf Kinder bekommen hatten, von denen acht überlebten und im Alter von 1 1/2 bis 23 Jahren waren.“ Konrad selbst war 19 und wurde von seinem Schwager Ingvald Hagland begleitet, der neun Jahre älter und schon in den USA gewesen war. Ingvalds Frau Kristine sollte nachkommen, aber erst wenn die Kinder etwas größer geworden waren.

- Maria Panula hatte den Bauernhof im finnischen Ylihärmä verkauft, um nach Pennsylvania zu emigrieren. Ihre fünf Kinder reisten alle mit, und in den USA wurden sie von John erwartet, dem Vater der Familie, der es gerade geschafft hatte, ein Heim herzurichten. Maria hatte ziemlich viel Geld bei sich, über 3000 Finnische Mark, die einen Teilerlös des Verkaufs ausmachten.
- Malcolm Johnson hätte sich eigentlich überhaupt nicht auf die Reise machen sollen. Er wollte das väterliche Gehöft Björnaryd nahe der schwedischen Stadt Jönköping kaufen, aber die Pläne hatten sich zerschlagen, und nun kehrte er nach Minneapolis zurück. Er reiste zusammen mit Gustaf Joel Johansson aus Bockebo, einem Ort außerhalb von Skillingaryd in Småland. Gustafs Fahrkarte hatten Bekannte aus North Dakota geschickt. Er sollte eine Stellung als Knecht auf dem Bauernhof seiner Freunde antreten, vermutlich um das Ticket zurückzubezahlen. Eine solche Verfahrensweise war nicht richtig legal, aber trotzdem ganz gewöhnlich.

In diesem Zusammenhang gab es viele Dinge, die die schwedischen Behörden als nicht zulässig betrachteten, aber trotz verschiedener Bemühungen ließ sich illegale Auswanderung nicht verhindern.

Viele Gründe für die Auswanderung

Gewöhnlich mußte ein Emigrant zuerst eine Abmeldebescheinigung von seinem Pfarramt vorweisen können. Mit diesen Unterlagen in der Hand wurde die Fahrkarte oder der Auswanderungsvertrag bei einem Emigrationsvertreter gekauft, beispielsweise bei Prahl in Kopenhagen oder Elster in Oslo. Der Vorverkauf konnte auch über lokale Emigra-

Ein Deutscher wird begutachtet

Spätes Frühjahr 1996, drei Monate vor der *Titanic*-Expedition, in New York, 17, Battery Place: viele Männer an einem Konferenztisch der RMS Titanic, Inc., hinter den großen Fenstern auf Ellis Island und die Freiheitsstatue. Ich rauche wie ein Schlot. Es geht um den Ausstellungszyklus in Europa und die Ausstellung in Memphis/Tennessee mit *Titanic*-Artefakten.

Mir gegenüber John Thompson, Vertreter von Memphis. Er begutachtet „den Deutschen" in mir von Kopf bis Fuß. Ich schaue zurück. Thompson ist ein typischer Südstaatler, so wie ich ihn mir immer vorgestellt habe: einen dicken goldenen Ring am Finger, der ihn als Westpoint-Absolvent ausweist; klarer Blick, klare Aussagen über die Situation, aber immer mit einem freundlichen Ton in der Stimme.

Am Tischende sitzt Stéphane Pennec, einer der Geschäftsführer des französischen Restaurationsinstitutes LP3 in Semur-en-Auxois, das für die Konservierung, Restaurierung und sorgfältige Lagerung der *Titanic*-Artefakte zuständig ist.

Vor ihm liegt ein Prospekt, in dem alle *Titanic*-Artefakte Stück für Stück mit genauester Beschreibung aufgelistet sind. Stéphane Pennec erinnert mich an einen Schotten, der zufälligerweise im falschen Land aufgewachsen ist. Bei der Begrüßung ein knappstes „Salut", Händedruck, hinsetzen.

Wir besprechen die verschiedenen Ausstellungskonzepte für Amerika und Europa, um dann anhand der Listen von Stéphane Pennec die Artefakte dem jeweiligen Standort zuzuteilen. Immer wenn er mit John über die amerikanische Ausstellung spricht, lächelt er freundlich und wirkt zuvorkommend. Trage ich dagegen meine Ausstellungskonzeption vor, blickt er entweder abwesend in die Luft oder notiert sich etwas.

Vier Stunden Diskussion, vier Stunden Beratung, jemand bringt Kaffee in den Sitzungsraum, aber mit dem Jet-Lag im Körper muß ich mich zusammenreißen, nicht vom Stuhl zu fallen. Am Ende erscheint mir Stéphane Pennec wie der Eisberg, den die *Titanic* gerammt hat.

22 Uhr 30, vor einer Bar in Soho, New York City: Auf der anderen Straßenseite fällt ein Mann zu Boden, der versucht hatte, in Stöckelschuhen die Straße zu überqueren. John ist etwas konsterniert und erscheint auch reichlich deplaziert in der kleinen Seitenstraße von Soho. Stéphane lacht in sein schottisch-französisches Gesicht hinein, während ich darauf warte, daß aus irgendeiner Ecke irgendein Regisseur auftaucht und erst „Klappe" und dann „nächste Szene bitte" schreit.

Wir gehen in eine Bar. Tunten, Schwule, Heteros zwischen jungen und aufgestylten Wallstreet-Börsenmaklern. Das ist hier diese cleane Welt, die zwischen Lust und Frust alle Varianten offenhält. Wir sind an einem sogenannten In-Ort, wobei „In" wahrscheinlich am meisten auf die Toiletten zutrifft: Glastüren, die außen verdunkelt sind, aber wenn jemand hineingeht, wird der gesamte Innenraum hell erleuchtet.

Durch diese dezente Einladung zum Voyeurismus schmilzt auch langsam der Eisberg Stéphane Pennec. Dem Design angepaßt,

essen wir festplattengroße Burgers und sprechen über die unterschiedlichen Menschen in Amerika und Europa.
Ich frage den tauenden Eisberg direkt: „Stéphane, die Deutschen liebst Du nicht besonders?!"
Er bejaht meine Frage.
Wir können uns also doch einig sein.
Während der Expedition, im August, lerne ich ihn als einen Menschen kennen, der geradeaus und ehrlich zu jeder Frage eine exakte Antwort gibt, der aber auch, wenn ihm das Essen oder eine Situation nicht behagt, aufsteht und davongeht, um seine Arbeit an den Artefakten im Labor weiterzuführen. Die *Titanic*-Artefakte sind seine Kinder. Seinem Team und ihm ist es zu verdanken, wenn aus einer schwarzen undefinierbaren Masse vom Meeresboden Gegenstände unschätzbaren Wertes entstehen. In jahrelanger Arbeit hat er mit seinem Team Dokumente lesbar gemacht und neue Verfahren zur Konservierung und Restaurierung entwickelt.

tionsagenten abgewickelt werden, die sich über ganz Nordeuropa verteilt hatten und eine umfassende Werbetätigkeit betrieben.

Wenn die Prozedur bei dem Vertreter durchgestanden war, mußten Vertrag und Bescheinigung der Polizeibehörde des Ausreisehafens vorgelegt werden.

Für einen schwedischen Wehrpflichtigen war es noch schwieriger auszuwandern, denn er benötigte zusätzlich die Erlaubnis des Armeeministeriums.

Wollte jemand dagegen aus dem Land verschwinden, ohne zuvor die Behörden zu benachrichtigen, gab es viele Möglichkeiten, Schweden schnell und diskret zu verlassen.

Der Sozialist August Andersson gehörte zu den Leuten, die gute Gründe hatten, aus Schweden auszuwandern. Er war einer der berühmt-berüchtigten Herausgeber der Zeitung „Gula Faran" (deutsch: Die gelbe Gefahr), von der allerdings nur eine Nummer erschien. In dieser Ausgabe charakterisierte er den Konsul und Mühlenbesitzer John Jeansson als transsilvanischen Blutsauger, und Oscar II. bekam den Beinamen „König der Diebe". Beide wurden in der Zeitung als „... Teufel in der Hölle auf Erden" bezeichnet.

Daß solch eine Publikation von offizieller Seite nicht geschätzt wurde, ist leicht verständlich. Ein gegen Andersson eingeleitetes Verfahren wurde jedoch 1906 aufgrund der geltenden Presse- und Meinungsfreiheit eingestellt. August Andersson bekam von Freunden – und Feinden – den Spitznamen *Gula Faran*. In Ystad, wo er vor seiner

Emigration wohnte, war er schnell stadtbekannt, aber ob seine politischen Aktivitäten an Ort und Stelle den Ausschlag zur Emigration gaben, ist unsicher. Den Angaben seiner Nachfahren zufolge ging er zu freimütig mit der Oberschicht der Stadt um. Andersson machte sich schließlich auf nach Kopenhagen, besorgte sich die Amerikafahrkarte und hieß nun plötzlich Wennerström. Ein guter Freund von ihm, der spätere Verteidigungsminister Ivar Vennerström, mußte dafür seinen Namen hergeben.

Das dänische Geschäft mit der Emigration war durchaus bekannt in Schweden, aber die schwedischen Behörden hatten keine Möglichkeiten, die Vorgänge einzudämmen.

Geschäfte mit Emigrantenwesten

Vielleicht verhielt sich Andersson wie Carl Robert Carlsson und Nils Hilding Jönsson, die aus der schwedischen Landschaft Halland kamen und auch Gründe gehabt haben müssen, Schweden schnell zu verlassen. In Kopenhagen kauften sie gefälschte Urkunden, die sie zusammen mit einer Weste erstanden, in deren Taschen die erforderlichen Papiere lagen.

Diese Weste hatte viele Namen: Amerikaweste, Emigrantenweste, dänische Weste. In der von der Regierung eingesetzten Kommission zur Untersuchung der Auswanderung, deren Arbeit ab 1907 veröffentlicht wurde, machte man folgende Bemerkungen: „Man muß nur nach Kopenhagen fahren und sich eine Weste kaufen; die Papiere liegen in der Tasche!"

Den Handel konnte man von schwedischer Seite aus nicht aufhalten, weshalb man möglicherweise aus einem Gefühl der Ohnmacht heraus den Abschnitt mit folgenden Zeilen enden ließ: „Das Ganze ist beinahe eine komische Illustration der in Dänemark tief verwurzelten Überzeugung, daß man dem Land Schweden und seinen Einwohnern gegenüber ganz nach Belieben verfahren kann."

Ähnliche Geschäfte wurden zwischenzeitlich genauso rege in Malmö betrieben, was der Untersuchungskommission nicht entging:

„Angeblich gibt es Geschäfte, wo Ausreisewillige, die die nötigen Abmeldeformulare nicht besitzen, eine Weste kaufen können, in deren

Einfache Senfgläser, die wahrscheinlich in der Bordküche Verwendung fanden.

Taschen die ersehnten Papiere versteckt sind.... In Malmö sollen solche Fälschungen für einen Preis von fünf Kronen zu haben sein."

Auch über Norwegen ging die illegale Auswanderung, aber dort konnte ebenfalls nichts getan werden, um den Handel zu stoppen.

Die Emigrationsagenten befanden sich jedoch oft in den Händen ihrer Reedereien, die manchmal sogar für die Büromiete der Vertreter aufkamen. Dann waren jene gezwungen, „ihre Tüchtigkeit unter Beweis zu stellen, ständig neue Reisende zu rekrutieren, um so die ausländischen Vorgesetzten zufriedenzustellen".

Sehr bald wurde jedoch klar, daß die „Zufriedenheit" der ausländischen Reedereien in scharfem Konflikt zu den Interessen der schwedischen Behörden stand.

Wenn ein Emigrant angab, amerikanischer Staatsbürger zu sein, wurde das nicht kontrolliert, und so bestand eine zusätzliche Möglichkeit, sich aus Schweden abzusetzen; denn in einem solchen Fall wurde keine Bescheinigung des Pfarrers verlangt, sondern nur die Fahrkarte. Das beruhte darauf, daß jemand, der schon einmal ausgewandert war, nicht dieselben formellen Angelegenheiten noch einmal erledigen mußte. Offiziell war derjenige dann nur Besucher des Landes.

Carl Eriksson aus Göteborg, schwedischer Vertreter der Reederei White-Star-Line, soll sich doch darum bemüht haben, daß alles mit rechten Dingen zuging. Er war ein etablierter Geschäftsmann, wie sein

Kollege Isidor Hällström in Stockholm. (Carl Eriksson war übrigens mit der Schwester von Isidor Hällström verheiratet.) Die meisten Schweden, die mit der *Titanic* fuhren, kauften ihre Fahrkarten in einer dieser beiden Agenturen.

Eriksson hatte seine Hauptniederlassung in der Postgatan in Göteborg. Dort lagen die wichtigsten Emigrationsagenturen und auch die Hotels, in denen die Reisenden übernachten konnten, während sie auf ihre Abfahrt warteten. In Stockholm lag das Büro auf der Skeppsbron 10, in Oslo war die Agentur, die von dem Norweger Ferdinand Elster geleitet wurde, in der Prinsens gate 2.

Lange Anreise für die Ausreise

Die Fahrt nach Amerika ging für die meisten Nordeuropäer über England. Die direkte Verbindung der Skandinavien-Amerika-Linie von Dänemark aus gab es natürlich, aber trotzdem zog ein großer Teil der Reisenden den Weg über England vor, manche fuhren auch über Deutschland. Von dort konnte man mit der Hamburg-Amerika-Linie oder der Norddeutschen Lloyd in See stechen.

Die Nordsee war das erste Hindernis auf der Reise. Immer wieder stößt man auf Erzählungen über die Qualen auf dieser Route. Ein Matrose machte sich Gedanken: „Das Grundübel ist der Seegang. Die Leute kaufen sich ihre Fahrkarte und glauben, sich an Bord zurücklehnen zu können. Sobald das Schiff aber auf hoher See ist, wünscht sich so mancher, er könnte wieder aussteigen."

Esbjerg, Hangö, Göteborg, Oslo und Trondheim waren einige der nordischen Ausreisehäfen, und Hull an der Ostküste Englands war die erste ausländische Stadt, mit der viele Emigranten in Kontakt kamen. Dort übernachtete man und begab sich dann zur Weiterreise mit dem Zug nach Southampton.

Die Schiffe der White-Star-Line fuhren früher von Liverpool ab, wo die Hauptniederlassung der Reederei lag. 1907 verlegte man den Verkehr mit den großen Schiffen jedoch nach Southampton. Diese Stadt hatte geographisch eine bessere Lage, seit man nach der Abfahrt über den Ärmelkanal die französische Stadt Cherbourg ansteuerte, um weitere Passagiere und Post aufzunehmen.

Über Toronto nach St. John's

Berlin, 17. August 1996, 10 Uhr 35: Abflug der LH 2419 über Frankfurt–Toronto nach St. John's in Neufundland. Sechs Monate sind vergangen, seitdem mich George Tulloch, der Präsident der RMS Titanic, Inc., als Vertreter des europäischen *Titanic*-Ausstellungszyklus zur Bergungsfahrt eingeladen hat. Jetzt ist es soweit. Meine Reise zur *Titanic* hat endlich begonnen.

10000 Meter über dem Atlantik schieben Stewardessen ihre Catering-Wagen langsam durch die engen Gänge, von Zeit zu Zeit werden kleine Speisen und Getränke gereicht. Über mir flimmert die Flugroute. Stetig verringert sich die Distanz zur Neuen Welt, dem amerikanischen Kontinent. Wie ein Spielzeug aus meiner Kindheit wirkt das Flugzeug auf dem Mini-Display, regelmäßig nur von Informationen über Entfernung, Höhe und Temperatur abgelöst. Ich stelle mir vor, wie die Menschen noch vor über neunzig Jahren den Atlantik überquert haben. Ich stelle mir vor den Konkurrenzkampf um die Vorherrschaft zwischen den großen Schiffahrtslinien wie Cunard, Ballin oder der White Star Line, stelle mir vor den Versuch, alle Möglichkeiten an Luxus und Geschwindigkeit auszuschöpfen, um den Konkurrenzlinien „Passagiertonnage" abzuringen.

In Toronto treffe ich den schwedischen Historiker und Autor Claes-Göran Wetterholm, der sich seit über 35 Jahren mit der Geschichte der *Titanic* beschäftigt.

Er gehört zu einem Team von Beratern und Autoren, die George Tulloch für die Expedition eingeladen hat. Unsere gemeinsame nächste Etappe ist St. John's, die östlichste Stadt des amerikanischen Kontinents, von wo aus das französische Schiff *Ocean Voyager* zu seiner Reise zum Unglücksort der *Titanic* starten wird.

Unsere Gespräche während des Fluges von Toronto nach St. John's drehen sich um die Planung der nächsten drei Wochen, um unsere Erwartungen, Hoffnungen und auch um diese schier unstillbare Neugier, die allen eigen ist, die sich, aus welchem Grund auch immer, mit diesem Phänomen *Titanic* einlassen.

Es war eine lange Reise, und auf Familien mit Kindern wirkte sie noch länger. Die siebenköpfige Familie Andersson aus Kista vor Stockholm mußte zuerst mit dem Zug nach Göteborg, danach mit dem Boot nach Hull, um zu übernachten, dann weiter mit dem Zug nach Southampton, wo sie mehrere Tage auf die Abfahrt warten mußten und schließlich an Bord der *Titanic* durften.

Aus diesem Grund konnte eine Reise zwei Wochen dauern. Für Agnes Sandström und ihre beiden Töchter dauerte es noch länger. Sie wollten nach San Francisco und mußten von New York aus noch eine Zugreise von mehreren Tagen antreten.

In Skandinavien zielte das Emigrationsgeschäft nahezu ausschließlich auf die Passagiere der 3. Klasse ab. In den Prospekten über die Schiffe *Olympic* und *Titanic*, die auf schwedisch gedruckt wurden, verwendete man einige Zeilen darauf, die erste und zweite Klasse anzupreisen. Den verbleibenden Raum nahm jedoch die Werbung für die dritte Klasse ein.

In Nordeuropa konnte man nur sehr wenig Geld mit der 1. und 2. Klasse verdienen, das größte Geschäft wurde mit den Emigranten gemacht. Gewiß prahlte man mit der kostspieligen 1. Klasse der *Titanic*, aber ein lukratives Geschäft wäre daraus nie geworden ohne die Emigranten. Obwohl eine Fahrkarte der ersten Klasse damals 16000 Kronen kosten konnte ($ 4350), was heute etwa dem Wert von 125000 DM entspricht, war es die 3. Klasse, die letztendlich die Zeche bezahlte. Das zeigte sich deutlich, als 1923 die amerikanischen Einwanderungsgesetze verschärft wurden und die Kreuzfahrten sich selbst tragen mußten. Die Emigration war beendet.

Der Höhepunkt der Auswanderungswelle wurde in den letzten Jahrzehnten des 19. Jahrhunderts erreicht. Es war der enorme Ansturm der Menschenmassen aus der Alten Welt in die Neue, der die Basis für die Reedereien und die immer größer werdenden Fahrzeuge ausmachte.

Gewinne durch Auswanderer

1867 gründete Thomas Henry Ismay das Unternehmen, das später als The White Star Line bekannt wurde. Er hatte eine ältere Firma mit Segelfahrzeugen übernommen, verstand jedoch, daß deren Zeit bald vorbei sein würde, und machte seine erste Bestellung eines dampfgetriebenen Schiffes bei Harland & Wolff, einer Werft in Belfast. So begann eine Ära mit immer größeren Fahrzeugen in Konkurrenz zu anderen Reedereien, wie Cunard, Norddeutsche Lloyd und die Hamburg-Amerika-Linie.

Für die Reeder war das ein gewinnbringendes Geschäft. Allmählich verschwanden auch die „Segelnden Särge", „The Coffin Ships". Die Reeder, die ihre verrotteten Fahrzeuge mit voller Fracht losfahren ließen, hatten einzig und allein die Absicht, soviel Geld wie möglich zu verdienen, bevor das Schiff sinken würde.

Robuste Tassen aus der 3. Klasse.

Aber für die Mehrheit der Reedereien und Kapitäne war es ein größerer Vorteil, wenn Fahrzeug, Passagiere und Ware wohlbehalten ankamen, die Fahrgäste konnten nämlich die Linie weiterempfehlen, was natürlich den Gewinn des Unternehmens ankurbeln würde.

Garantie für saubere Tische

In einer Broschüre des Emigrationsagenten Adolf Larsson wurde 1911 darauf hingewiesen, daß „die Bediensteten des Unternehmens Mahlzeiten zubereiten und servieren sowie Geschirr abräumen und spülen". Das rührte aus einer Zeit, in der die Emigranten darauf angewiesen waren, eigenes Koch- und Eßgeschirr auf die Reise mitzunehmen. Auf der *Titanic* betrachtete man diesen Service als selbstverständlich, es wurde auf etwas anderes aufmerksam gemacht: „Die Kabinen der 3. Klasse sind während der kalten Jahreszeiten gut belüftet und beheizt, sie haben elektrisches Licht und sind für 2, 3, 4, 5 und 6 Personen eingerichtet, sie sind mit Metallbetten, Spiegel, Kleiderhaken und Wasserkaraffe mit Glas ausgestattet ... Schmackhafte und reichhaltige Kost wird serviert. Die Mahlzeiten werden an sauberen und ordentlich gedeckten Tischen eingenommen. Die Passagiere haben ihren eigenen Drehstuhl und brauchen nicht zusammengedrängt auf langen Bänken zu sitzen, wie es auf einem Teil der anderen Dampfer der Fall ist."

In der Werbung sprach man ebenfalls von der Musik an Bord: „Gratis Musik. Auf jedem Passagierdampfer ist ein Musikorchester engagiert, das jeweils mittags und abends Konzerte gibt. Außerdem gibt es ein Piano für die dritte Klasse, das allen zur Verfügung steht, die damit umgehen können."

Was man verschwieg, war, daß das Orchester nur für die 1. und 2. Klasse spielte.

Folgender Passus war auch von Bedeutung: „Alle schwedischen Passagiere der 3. Klasse haben ihre eigenen Passagierzonen, die zu den besten auf dem Schiff gehören."

Unterschiede wurden auch innerhalb der 3. Klasse gemacht; Nordeuropäer und Engländer wurden besser behandelt als beispielsweise Iren und Reisende aus dem Vorderen Orient. In einem zeitgenössischen schwedischen Handbuch zur Emigration wurde ebenfalls betont, daß man auf sein Geld besonders achtgeben sollte, wenn „die Iren an Bord gekommen sind".

Der norwegische Emigrationsagent Ferdinand J. Elster aus Oslo nutzte jede Gelegenheit, für die Schiffe *Olympic* und *Titanic* zu werben. So verwendete er nahezu jede Drucksache, die er zwischen 1909 und 1912 produzierte, für seinen Werbefeldzug, indem auf dem Rand seiner Briefe darauf hingewiesen wurde, daß man „Die größten Schiffe der Welt" bestellt habe.

Auch in Schweden wendete man sich früh an die Öffentlichkeit. Schon 1908 gab es Postkarten, die für die neuen Schiffe Reklame machten, für die *Titanic* sogar einige Zeit vor ihrer Fertigstellung am 31. März 1909.

Die *Titanic* kam fast nie allein in der Werbung vor, sie war immer das andere Fahrzeug: *Olympic* und *Titanic*. Es waren Schwesterschiffe, aber für den großen Teil der Emigranten spielte es keine wesentliche Rolle, mit welchem Fahrzeug man reiste, Hauptsache war, daß man ankam.

Carl Robert Carlsson kaufte eine große Postkarte der *Titanic* an Bord, auf der aber tatsächlich die *Olympic* abgebildet war. Dasselbe galt für Ivar Berglunds Postkarte, die er ins heimische Åland schickte. Er kaufte sie in Southampton und gab sie zwei Tage vor seiner Abreise auf.

Auf dem Bild war natürlich die *Olympic* zu sehen. Es war ein großes – und vermutlich sicheres – Fahrzeug, wie aus Carl Roberts Kommentar ersichtlich wird: „... so groß, daß es selbst vor haushohen Wellen nicht weicht.“

Die Emigration in die USA war in hohem Maße abhängig von der Konjunkturlage. 1907 wurde ein Spitzenwert von 1285349 Immigranten erreicht, im Jahr darauf hatte sich die Zahl auf 782870 drastisch reduziert. 1912 wanderten 838172 Menschen ein, von denen 13896 Schweden, 8675 Norweger und 6191 Dänen waren.

Kurz nach der *Titanic*-Katastrophe reiste Magnus Clarholm, der schwedische Konsul in New York, nach Hause und machte in einigen Interviews schwedischer Zeitungen darauf aufmerksam, daß sich junge Leute mit Auswanderungsplänen die Sache genau überlegen sollten. Die Möglichkeit, Arbeit zu bekommen, war begrenzt, und als Büro- oder Haushaltskraft mußte man mit einem gesättigten Arbeitsmarkt rechnen.

Die schwedischen Behörden hielten die Emigrationswelle nicht auf, es waren vielmehr Entwicklungen in den USA und auf internationalem Gebiet, die die Auswanderung versiegen ließen, gleichzeitig mit einem langsamen, aber sicheren Anstieg des Lebensstandards im Norden. Der Erste Weltkrieg, neue amerikanische Gesetze und letztendlich die wirtschaftliche Depression der dreißiger Jahre wirkten hemmend auf die große Völkerwanderung unseres Jahrhunderts.

Die wirtschaftliche Depression ruinierte schließlich auch das Unternehmen White-Star-Line und mit ihm ebenso das Schwesterschiff der *Titanic*, die *Olympic*, die 1935 verschrottet wurde. Wenn die *Titanic* nicht gesunken wäre, hätte sie sicherlich früher oder später dasselbe Schicksal ereilt. Die Emigrantenströme waren versiegt, und mit ihnen hatten die großen Überseelinien ihre Basis verloren.

Die Geschichte der Luxusliner

Es ist nicht ohne Ironie, aber das Luxusleben einiger weniger auf hoher See wurde überhaupt erst ermöglicht durch die Not der vielen, die Europa gen Amerika verließen mit der Hoffnung, dort ihr Glück machen zu können. Denn es waren die Emigranten aus Europa, die den Bau erst großer und dann größerer und immer luxuriöserer Schiffe veranlaßten. Es ist unbestritten, daß die großen Schiffe mit ihrem Interieur von Luxus nie gebaut worden wären ohne den enormen Menschenstrom von der Alten zur Neuen Welt, ohne diese Millionen und Abermillionen Auswanderer, die in der 3. Klasse weniger reisten als befördert wurden: 50 Millionen Auswanderer bildeten so das Fundament der Atlantik-Reedereien.

Überfahrt als Abenteuer

Anfangs segelte man über den Atlantik. Etwa seit 1860 ersetzten mehr und mehr Dampfschiffe die Segelschiffe. Doch die Überfahrt blieb immer noch ein Wagnis. Eine längere Seefahrt zu unternehmen war – so kolportierte man es – gleichbedeutend damit, „ins Gefängnis zu gehen und dort möglicherweise zu ertrinken“. Man übergab sich und seine Habe in die Hände und die Vorsehung des Kapitäns – meistens allerdings ging es gut.

Nachdem das immer bedeutendere Bürgertum erst einmal das Reisen entdeckt hatte, forderte es bald auch immer mehr Bequemlichkeit an Bord der Schiffe. Die Reedereien begriffen schnell, daß sie auf diese Nachfrage eingehen mußten. Der erste Schritt war die Einführung unterschiedlicher Klassen auf den Schiffen. Der zweite die Veränderung und Verbesserung der Schiffe selbst. Bereits um die Jahrhundertwende hatten die Dampfschiffe enorm an Größe, Geschwindigkeit und Komfort zugenommen - auch in der 3. Klasse gab es Verbesserungen des Standards, die 30 Jahre früher noch undenkbar gewesen wären.

Kampf der Reedereien

Die deutschen Dampfschiffe gehörten zum großen Teil zwei Reedereien, der Hamburg-Amerika Paketfahrt Aktiengesellschaft (HAPAG) und der Norddeutschen Lloyd in Bremen. Diese Reedereien besaßen um die Jahrhundertwende so herausragende Ozeandampfer wie *Kaiser Wilhelm der Große*, *Kronprinzessin Cecilie* und *Deutschland*. Diese „Windhunde des Atlantiks", gebaut kurz vor der Jahrhundertwende, waren bereits geprägt durch eine neue, modernere Form mit langem Rumpf, verhältnismäßig niedrigem Deck und vier Schornsteinen. Sie setzten neue Maßstäbe. Die beiden britischen Ozeandampfer *Lusitania* und *Mauretania*, die 1907 für die Cunard-Line gebaut wurden, glichen sich im Aufbau bis hin zu den vier Schornsteinen den deutschen Vorbildern an.

Suppenteller aus der 2. Klasse.

Alle anderen älteren Ozeandampfer wirkten wie Zwerge im Vergleich zu diesen neuen Riesen mit je über 30000 BRT (Bruttoregistertonnen). An Bord der britischen Dampfer standen einem Passagier der 1. Klasse mehrere Speisesäle, luxuriöse Salons und Gesellschaftsräume zur Verfügung, die ihm das Gefühl vermitteln sollten, sich nicht nur auf hoher See, sondern zugleich auch in einem eleganten Hotel auf dem Festland aufzuhalten.

Als die White Star Line im Jahre 1911 die *Olympic*, das Schwesterschiff der *Titanic*, in Betrieb nahm, war dies ein weiterer Schritt in der Entwicklung der Ozeandampfer: Sie hatte 45000 BRT, war fast 270 Meter lang, 28 Meter breit und maß 55 Meter Höhe vom Kiel bis zur

Schornsteinkante. Sie hatte Speisesäle und Restaurants, Salons und Raucherzimmer, ein türkisches Bad wie ein Schwimmbecken und riesige, offene Promenadendecks für die Reisenden in der 1. Klasse. Aber auch die 2. und 3. Klasse bot so viele Annehmlichkeiten, daß die *Olympic*-Class-Liners schnell ein Begriff wurden für komfortable Atlantiküberquerungen. Der *Olympic* folgten die *Titanic* und später die *Britannic*, die ursprünglich alle drei baugleich hätten sein sollen. Doch die *Titanic* wie auch die spätere *Britannic* wichen im Aufbau von der *Olympic* ab.

Selbst wenn die *Titanic* nach ihrer Kollision mit dem Eisberg nicht untergegangen wäre, hätte sie den stolzen Titel „Größtes Schiff der Welt" gerade nur einen Monat innegehabt. Denn im Mai, wenige Wochen nach dem Untergang der *Titanic*, ließ die HAPAG das Dampfschiff *Imperator* vom Stapel, das 5000 BRT größer war als die *Titanic*. Nun hatten die Deutschen wieder die Führung unter den Schifffahrtsländern der Welt übernommen. Die HAPAG baute noch zwei weitere Schwesterschiffe zur *Imperator*, die *Vaterland* und die *Bismarck*, die allerdings nicht lange bei der Reederei blieben. Nach dem Ende des Ersten Weltkriegs wurden beide Schiffe von den Alliierten als Kriegsbeute beschlagnahmt.

Glanzzeit zwischen den Kriegen

Die große Glanzzeit der Ozeandampfer lag zwischen den beiden Weltkriegen. Schiffe wie die *Normandie, Queen Mary, Europa* und *Bremen* prägten diese Zeit. Mit weichen Linien, riesigen Erste-Klasse-Räumen und einem kulinarischen Angebot, das an die besten Restaurants zu Lande heranreichte, setzte besonders die *Normandie*, ganz im Art-Deco-Stil gehalten, Maßstäbe.

Aber auch die Art zu reisen hatte sich verändert. Die Emigration nahm mit Beginn der zwanziger Jahre immer weiter ab und hörte mit der Weltwirtschaftskrise fast gänzlich auf. An die Stelle der Atlantiküberquerungen von der Alten in die Neue Welt traten jetzt die Kreuzfahrten. Der Slogan der Cunard-Line, „Going there is half the fun" (Unterwegs zu sein ist schon der halbe Spaß), versprach Reisen als einen besonderen Genuß, unabhängig davon, wo man ankommt.

Mit dem Beginn des Zweiten Weltkriegs hörten Überseereisen abrupt auf. Ende des Krieges lag die deutsche Handelsflotte in Trümmern, erholte sich aber, wie schon einmal nach dem Ersten Weltkrieg, wieder erstaunlich schnell. Schiffsreisen über den Atlantik spielten jedoch fortan eine immer geringere Rolle. Zwar wetteiferten die Reedereien mit ihren Ozeandampfern weiterhin um das „Blaue Band", aber es war schon Anfang der fünfziger Jahre deutlich, daß mit dem Aufkommen des kommerziellen Flugverkehrs zwischen den Kontinenten eine Konkurrenz für die Schiffsreisen entstand, der die Reedereien nichts mehr entgegenzusetzen hatten.

Als dann am 25. Juli 1956 die italienische *Andrea Doria* mit der schwedischen *Stockholm* beim Einlaufen in New York zusammenstieß, verfolgte die ganze Welt eine Art moderner *Titanic*-Katastrophe live. Auch der nachfolgende Gerichtsprozeß machte es den Reedereien nicht leichter, das verlorene Vertrauen in Überseereisen wieder

Ein Ort voller trauriger Anmutungen

22 Uhr 30 Ortszeit, Flughafen St. John's: Auf dem Fließband nähern sich die Koffer. Wie bei jeder Ankunft erwartet man das Drama von Verlust und Zerstörung, damit irgendeine Versicherungsgesellschaft an irgendeinem Ort auf dieser Welt den Schaden zu ersetzen hat. Ganz am Ende der Kofferschlange dann doch noch mein Gepäck. Am Counter für die Autovermietung wartet schon Claes, um mit einem Wagen zum zehn Kilometer entfernten „Hotel Neufundland" in St. John's zu fahren.

Nach dem Check-out jetzt das Check-in: An der Hotelrezeption wird das Zimmer für die Nacht zugewiesen. Die Atmosphäre ist so clean, wie es durchreisenden Touristen nur recht sein kann. Man muß sich auf nichts einlassen. In der Dunkelheit ist vom Hotel aus, das auf einem Hügel liegt, der Hafen nur zu erkennen an den Positionslichtern der Schiffe. St. John's wird gelegentlich schon für das „Ende der Welt" gehalten. Claes und ich wollen aber noch weiter ans Ende.

Einst war St. John's ein großer und bedeutender Fischereihafen. Damit ist es vorbei. Die Arbeitslosigkeit jetzt liegt bei 27 Prozent, die Zukunftsperspektiven für die Arbeitslosen sind eingeschränkt: ein bißchen Tourismus, der in den Ort gekommen ist, seitdem Neufundland als ein lohnendes Reiseziel gilt, und gelegentlich mal ein Forschungsschiff für Grönlandexpeditionen, die häufig hier ihren Anfang nehmen und sich hier mit dem Lebensnotwendigsten bestücken lassen. Mehr ist nicht mehr.

St. John's ist voller trauriger Anmutungen, die lediglich dann gebrochen werden, wenn draußen auf dem Meer die Eisberglandschaften gemessen vorbeiziehen.

Hier liegt, in einer Tiefe von 3800 Metern, die *Titanic* im Atlantik begraben. Das IFREMER-Forschungsschiff *Nadir* hat sich in Position gebracht. Die Expedition '96 kann beginnen.

Nichts geschieht ohne sorgfältigste Vorbereitung. Ein Mitarbeiter von IFREMER simuliert mit einer 3-D-Animation am Computer-Bildschirm alle Möglichkeiten, wie Teile vom Wrack der *Titanic* bewegt werden könnten.

Rechts: Das Herzstück einer jeden Expedition zur *Titanic* ist *Nautile*, das Unterwasser-Fahrzeug, mit dem 6000 Meter tief getaucht werden kann. An Bord von *Nadir* steht das Forschungs-U-Boot in einer eigens dafür vorgesehenen Halle.

IFREMER

Wann und wo immer die *Nautile* bewegt wird, geschieht das mit größter Vorsicht. An Bord der *Nadir* ist extra eine kleine Schienenstrecke verlegt, um sie zum Heck des Schiffes zu schieben.

Rechts: IFREMER, das französische Meeresforschungsinstitut, und die RMS Titanic Inc., die als Logo den roten Wimpel mit weißem Stern hat, sind ein Team. Mit dazu gehört Stéphane Pennec – hier im blauen Overall –, dem die konservatorische Arbeit obliegt.

IFREMER-D

Tassen aus Steinzeug für die 2. Klasse.

zurückzugewinnen. Es wurde nur noch deutlicher, daß die Seeschifffahrt, auch unabhängig vom Untergang der *Andrea Doria*, den Wettkampf mit dem Flugzeug verloren hatte. Auch die Verheißung des Müßigganges an Bord – „Time is money" lautete der Slogan einer Reederei – lockte immer weniger Menschen an Bord der Ozeandampfer, die dann auch einer nach dem anderen verschwanden. Übriggeblieben ist ein einziges Schiff, das gelegentlich noch die klassische Route Southampton–New York befährt, die *Queen Elizabeth II*.

Heutzutage wird der Schiffsverkehr von Kreuzfahrtschiffen beherrscht, die, genau wie vor hundert Jahren, immer mehr an Größe, Geschwindigkeit und Komfort zunehmen. Der Kreis hat sich wieder geschlossen.

Der Bau eines Riesen

Nach einem angenehmen Essen in einem Restaurant in Londons elegantestem Stadtteil zeichneten zwei Männer mit ungelenken Strichen eine Reihe von Ozeandampfer. Es sollten, so hatten die beiden entschieden, die größten werden, die die Welt je gesehen hatte. Die beiden Herren, Bruce Ismay, Direktor der White Star Line, und Lord Pirrie, Teilhaber der Werft Harland & Wolff im nordirischen Belfast, wollten mit ihren neuen Schiffen die *Mauretania* und *Lusitania* der Cunard-Line an Größe und Komfort, nicht aber an Schnelligkeit übertreffen. Es war nicht so, daß sie nicht gern der *Mauretania*, die gerade mit einer Fahrt von durchschnittlich 28 Knoten das „Blaue Band" erobert hatte, den Ruhm, das schnellste Schiff zu sein, streitig gemacht hätten, aber sie waren dafür zu kluge Rechner: Die Höchstgeschwindigkeit der *Titanic* wurde später auf 22 Knoten festgelegt. Allein aus ökonomischen Gründen. Denn schon dafür brauchte man 174 Heizer, die in drei Schichten täglich 620 Tonnen Kohle verfeuerten. Aus wirtschaftlichen Gründen war es nicht sinnvoll, ein schnelleres Schiff zu konstruieren. Deshalb beschloß die White Star Line, ihre drei neuen Schwesterschiffe unter das Motto „Sicherheit – Komfort – Kraft" zu stellen – die Schnelligkeit hingegen überließ man lieber der Konkurrenz.

Alle Planungen, die bald nach dem Essen in London begonnen hatten, waren anfangs gültig für alle drei Schiffe, die *Olympic*, die *Titanic* wie auch für das dritte Schwesterschiff, die *Gigantic*, deren Name nach dem Untergang der *Titanic* in *Britannic* umgeändert wurde.

Während der *Titanic*-Expedition 1996 immer dabei: die Filmteams für die beiden Fernsehsender Discovery Channel (USA) und Canal+ (Frankreich). Kooperation auch hier: Mark und Soul sind US-Amerikaner, Sylvan (links) ist Franzose.

Links: Die *Nautile* wird zu Wasser gelassen. Ein spannender Moment für alle. Der Taucher, der noch auf ihr reitet, wird sie unter Wasser vom Haken lösen und damit den Weg in Tiefen freigeben, die bisher nur von wenigen Fahrzeugen erreicht worden sind.

Titanic war nur Nr. 2

Als die *Olympic* am 20. Oktober 1910 vom Stapel lief, war sie eine Sensation im gesamten Schiffsbau. Vermeintlich zu Ehren dieses Tages hatte man sie weiß gestrichen, der eigentliche Anlaß für den Anstrich bestand jedoch darin, sie auf den Bildern der Pressefotografen besser zur Geltung kommen zu lassen. Der Stapellauf dauerte 62 Sekunden. Genau soviel Zeit hatten die Fotografen. Danach kam der Schiffsrumpf wieder in ein Trockendock und wurde schwarz gestrichen.

In den nächsten Jahren zog die *Olympic* alle Aufmerksamkeit auf sich. Hunderte von Fotos wurden während den Arbeiten im Bauch des Schiffes sowie von der Inneneinrichtung gemacht – an Bord der *Titanic* war das Gedränge der Fotografen während der Bauzeit bedeutend geringer. Aus dieser Zeit gibt es nur einige wenige Aufnahmen. Sie blieb die ganze Zeit über nur die „Nr. 2" und stand im Hintergrund ihres Schwesterschiffs. Berühmtheit erlangte die *Titanic* erst nach ihrem Untergang.

Am 31. März 1909 wurde die *Titanic* auf Kiel gelegt und am 31. Mai 1911 vom Stapel gelassen. Das Schiff hatte gigantische Abmessungen: 269 Meter Länge, 28 Meter Breite und 53 Meter Höhe vom Kiel bis zur Schornsteinkante. Ein ganzes Heer von Werftarbeitern war damit beschäftigt, sie für ihre Jungfernfahrt im März 1912 fertigzustellen. Die geschicktesten Kunsttischler gaben ihr eine außergewöhnliche Innenausstattung, um dem Luxus gerecht zu werden, den die Passagiere der 1. Klasse in dieser Zeit verlangten. Im Speisesaal war Platz für 500 Personen. Zudem gab es Salons, Raucherzimmer, eine Bibliothek, Cafés, Schwimmbecken, ein türkisches Bad, eine Squash-Halle sowie einen Gymnastiksaal.

Die Räumlichkeiten der 2. Klasse waren etwas weniger luxuriös. Für die 3. Klasse gab es neben einem Speisesaal und einem Raucherzimmer immerhin noch einen Unterhaltungssalon, obwohl sich die Reederei bewußt war, daß die Reisenden in der 3. Klasse, die nicht zum Vergnügen die Reise in die Neue Welt antraten, keinen Luxus erwarteten.

Die *Titanic* erhielt zwei Vierzylinder-Dreifachexpansionsmaschinen mit je 995 Tonnen Gewicht. Diese enormen Maschinen trieben die Seitenpropeller an. Der Dampf aus 29 Kesseln, die einen großen Teil des unteren Decks einnahmen, wurde in die Turbine geleitet, mit der die zentrale Schraube angetrieben wurde. Wie alle größeren Ozeandampfer dieser Zeit erhielt auch die *Titanic* vier Schornsteine. Der vierte allerdings war mehr Attrappe, diente vor allem dem harmonischen Aussehen und daneben noch der Belüftung von Küche und Maschinenraum. Im Innern des Schornsteins, der 24 Meter hoch war und einen Durchmesser von 34 Metern hatte, befand sich eine Steigleiter, die gelegentlich von den Heizern genutzt wurde, um frische Luft zu schnappen und – zum Erstaunen mancher Deckreisender – um die schöne Aussicht über das Schiff und das Meer zu genießen.

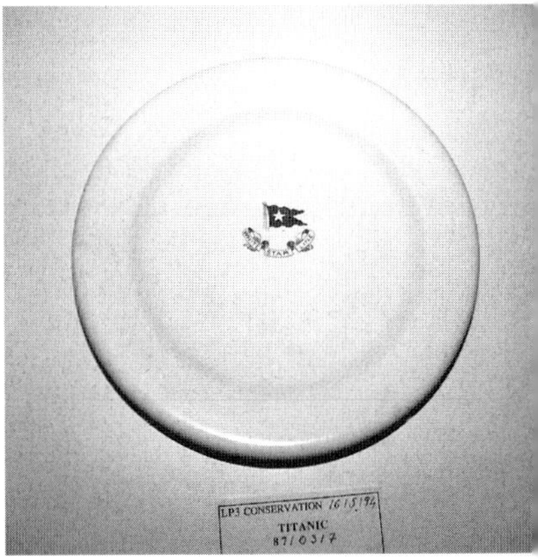

Einfacher Teller mit Aufdruck aus der 3. Klasse.

Probefahrt mit großer Verspätung

Am 20. September 1911 kollidierte die *Olympic* mit dem Kreuzer *Hawke* und mußte nach Belfast zur Reparatur gebracht werden. Denn hier gab es das einzige Trockendock der Welt, das groß genug war, sie aufzunehmen. Hier lag auch die *Titanic*. Die Reparaturarbeiten an der *Olympic* verschoben das Auslaufdatum der *Titanic* auf den 10. April 1912.

Bis zuletzt traten immer wieder Verzögerungen auf. So mußte die für den 1. April vorgesehene Probefahrt wegen zu starken Windes kurzfristig einen Tag später angesetzt werden – aus diesem Grunde schaffte es die *Titanic* auch nicht, bis nach Liverpool zu kommen, wo sie registriert war. Aber auch am 2. April lief nicht alles nach Plan: Beim Bunkern der Kohle mußte mit größter Vorsicht gearbeitet werden, um einer Selbstentzündung vorzubeugen. Gewöhnlicherweise wurde deshalb die Kohle angefeuchtet. Als aber die Kohle für die Probefahrt gebunkert wurde, geschah dies in so großer Eile, daß in einem Kohlebunker weit im Vorschiff (Kesselraum Nr. 6) Feuer entstand. Es konnte nicht gelöscht, aber nach Anweisungen des Maschinenchefs Joseph Bell unter Kontrolle gehalten werden. So begann die Probefahrt der *Titanic* am 2. April mit großer Verspätung und Feuer an Bord. Schon am Abend des gleichen Tages nahm sie Kurs auf Southampton.

Der Haken ist gelöst, der Taucher ist auf dem Sprung, nur der Kameramann auf dem Heck des Unterwasser-Fahrzeugs bleibt gelassen und filmt diesen Moment, so lange es sein winziger Schnorchel hergibt. Jede Expedition ist zu jedem Zeitpunkt auch für alle ein Abenteuer.

Oben: *Jules* ist nicht denkbar ohne *Jim* – auch wenn es während der *Titanic*-Expedition '96 nicht gerade wie in einem Film von François Truffaut zuging. Auf dem Führersitz von *Jim* Paul-Henri Nargeolet, Geschäftsführer der französischen Fernsehproduktionsgesellschaft Aqua+, die im Besitz von *Ocean Voyager* ist.

Links: *Jules* ist ein kleines, aber hilfreiches Tauchboot, mit dem man bis in Tiefen von 500 Meter gelangt. Dieses Boot reichte aus, um das Wrack der *Britannic*, eines der beiden Schwesterschiffe der *Titanic*, zu untersuchen.

Die Fahrt in den Untergang

Der 10. April 1912, ein Mittwoch, war ein grauer Tag. In Southampton lagen viele Schiffe am Kai. Doch sie konnten nicht auslaufen. Ein Streik in den englischen Kohlegruben hatte Kohle zur Mangelware werden lassen. Eines der Schiffe jedoch hatte anlegen und Kohlen laden können, und nun gingen auch die Passagiere an Bord der *Titanic*. Für viele, besonders für die Passagiere der 3. Klasse, war es eine Überraschung. Agnes Sandström etwa war auf dem Weg nach Hause zu ihrem Mann in San Francisco, nachdem sie Verwandte in Schweden besucht hatte. Als sie ihre Fahrkarte im Büro der White Star Line kaufen wollte, sagte man ihr, daß das von ihr gebuchte Schiff nicht fahren würde. Sie und ihre Töchter Marguerite und Beatrice wären auf die *Titanic* umgebucht worden. „Sie sollten sich freuen", sagte man zu ihr, „dieses Schiff kann nicht sinken."

Postsendungen von Toten

Die Passagiere der drei Klassen gingen über verschiedene Gangways an Bord. Die der 3. Klasse wurde dann noch einmal aufgeteilt: So wie auf allen Schiffen mit Auswanderern wurden die unverheirateten Männer im Vorschiff und die unverheirateten Frauen sowie die Familien im Achterschiff untergebracht. Ein langer Korridor auf dem E-Deck verband die beiden Teile.

Die Orientierung an Bord war äußerst schwierig, so daß sich selbst altbewährte Seeleute nur schwer an Bord zurechtfanden. Der

Links: Frisch verschlossene Champagnerflaschen. Eine Stunde, nachdem sie aus der Tiefe geborgen worden waren, begannen sich die Korken aufzulösen.

zweite Offizier Charles Herbert Lightoller sagte später, daß er fast zwei Wochen gebraucht hätte, um sich in diesem riesigen Stahllabyrinth auszukennen. Die Passagiere, die zum großen Teil erstmals überhaupt mit einem solchen Ozeanriesen fuhren, hatten naturgemäß noch viel mehr Mühen, sich zurechtzufinden.

Kurz nach zwölf Uhr an diesem Mittwoch gaben die mächtigen Dampfpfeifen der *Titanic* drei Signale, und das Schiff setzte sich langsam in Bewegung. Einige Schlepper zogen die *Titanic* aus dem Hafen hinaus, und dann begannen ihre gewaltigen Schrauben von sieben Meter Durchmesser zu rotieren.

Auch die *New York* lag im Hafen von Southampton. Als die *Titanic* an ihr vorbeifuhr, wurde sie von den Wellen hochgehoben, sank aber viel zu schnell wieder zuruck, so daß die dicken Haltetrossen mit großem Getöse wie Nähgarn rissen. Die Zuschauer dieses Spektakels verglichen die Geräusche beim Reißen der Trossen mit

Links unten: Kleine Vasen im antikisierenden Stil für die Reisenden der 1. Klasse. Verschwunden sind die Bildmotive, geblieben ist eine weiße Fläche.

Unten: Ein Mitbringsel aus Folkestone, das seinen Empfänger nie erreichte.

Jules verschwindet in den Fluten des Atlantiks, gerade noch festgehalten durch und so verbunden mit der *Ocean Voyager.* Ein Taucher wird gleich auch diese letzte Verbindung kappen.

Die Lichttürme geben mit ihren gewaltigen Lampen ein wenig Durchblick in der Finsternis des Meeres auf 3800 Meter Tiefe. Eine dieser Glühbirnen kostet nicht weniger als 20000 Dollar.

DEEPSEA

EDISON

Die grün-roten Liftbags leisten unter Wasser die Arbeit, um schwere Wrackteile an die Meeresoberfläche zu bringen. Sie werden mit Dieselöl gefüllt, das durch sein spezifisches Gewicht, das kleiner als jenes von Wasser ist, für den Auftrieb sorgt.

Links oben: Zu wertvoll sind die Lichttürme, als daß nicht auch hier alles perfekt gewartet sein muß, ehe sie zu Wasser gelassen werden.

Links unten: Wo ein Lichtturm ist, ist auch immer Christian Petron (im roten Overall), der ihn erfunden und entwickelt hat, um mehr Licht als je vorher möglich in das Wrack der *Titanic* zu bringen.

Ein Liftbag am Haken eines Gummiboots. Das Dieselöl in den Gummisäcken stammt aus den Tanks der *Ocean Voyager.* Sind die Gummisäcke voll, ist der Tank leer. Das ist praktizierte Ökologie.

Rechts: Transponder sind an nahezu allen Gerätschaften – Liftbags, Lichttürmen – befestigt, mit denen unter Wasser gearbeitet wird. Sie dienen der Datenübermittlung. Durch sie werden die unterschiedlichsten Arbeitsvorgänge gesteuert und beeinflußt.

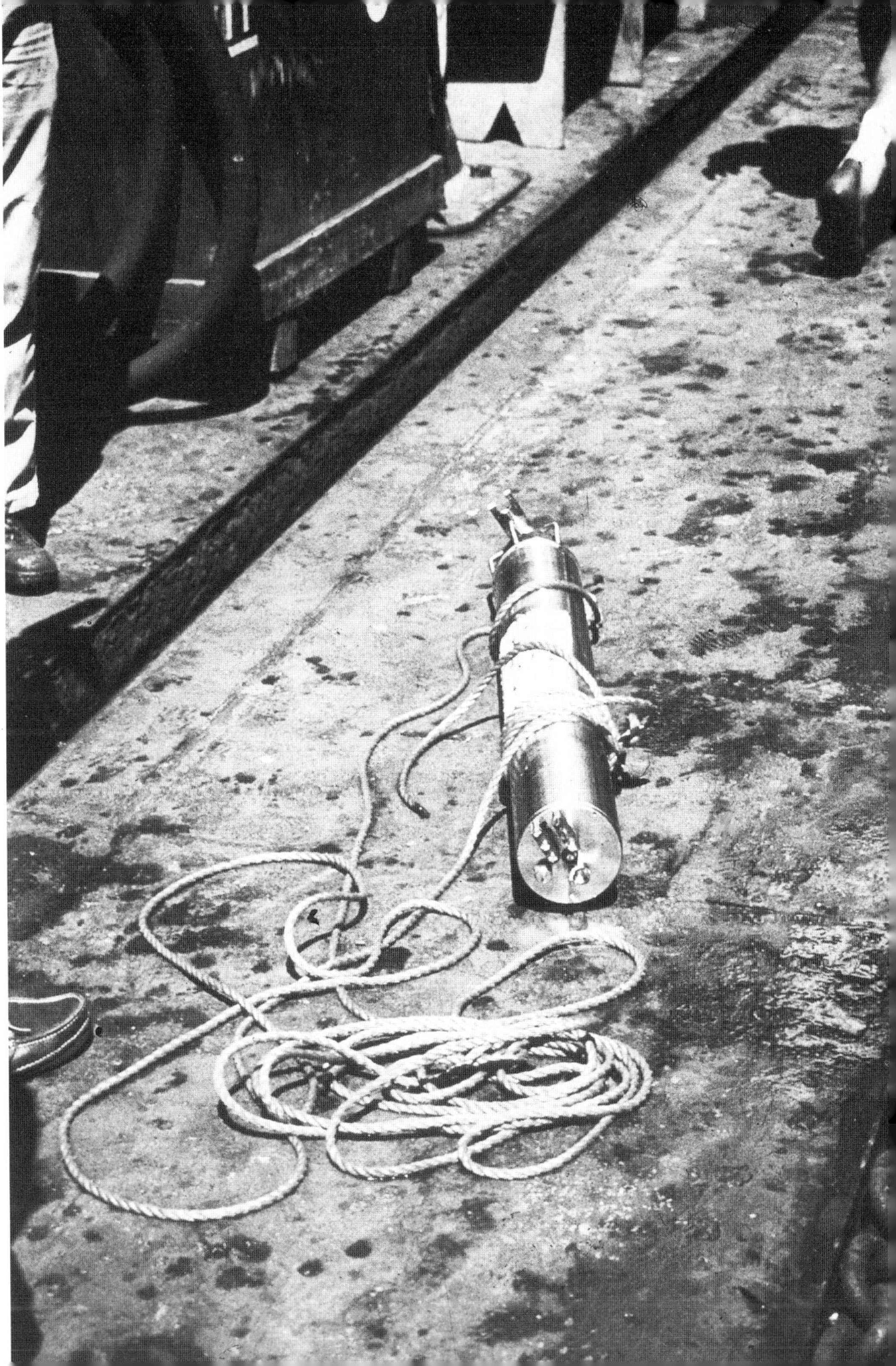

Die *Nautile* unter Wasser auf Tauchfahrt. Drei Personen, einer sitzend, zwei liegend, finden in ihr Platz. Sie wird nur langsam und vorsichtig bewegt. Diese Behutsamkeit hat einen einfachen Grund: Gegenwärtig ist es leichter, einen auf dem Mond verunglückten Astronauten zu retten, als einen Menschen aus den Tiefen des Meeres.

Chiffren der Katastrophe in Cape Race

Am nächsten Morgen fahren wir zu der etwa 120 Kilometer von St. John's entfernten Funkstation Cape Race, die Marconi seinerzeit hier an der südöstlichsten Ecke der Insel hatte errichten lassen als eine Kontaktstation zwischen den Schiffen auf dem Atlantik und den großen Städten beiderseits dieses Meeres. Marconi hatte Ende des 19. Jahrhunderts die bahnbrechende Erfindung der drahtlosen Nachrichtenübertragung gemacht. Nach und nach bestückte er Schiffe und für die Übertragung wichtige Orte an Land mit Funkmasten, um Nachrichten drahtlos in die großen Handelszentren und Städte beiderseits des Atlantiks zu übertragen.

Im Auto sprechen Claes und ich über heutige und damalige Kommunikationswege: Wie wirklich ist ein Gespräch über das weltweite Internet, und wie wirklich war der damalige Hilferuf der *Titanic* für den Funker in Cape Race?

In der Nacht vom 14. auf den 15. April 1912 sitzt auf dem einsamen Leuchtturm in Cape Race ein Funker der Marconi-Gesellschaft und empfängt die ersten CQD-Signale eines untergehenden Schiffes, der *Titanic*. Ein Mann in einer Funkstation vernimmt den lautlosen Schrei eines untergehenden Schiffes. Die sich anbahnende Tragödie ist reduziert auf Punkte und Striche, die entschlüsselt wieder Wörter bilden. So wird ein Funker zum Instrument zwischen der Tragödie auf dem Meer und Hoffnungen der Nachrichtenblätter auf dem Festland – only bad news are good news –, die auf die nächste Sensation warten.

Im dichten Nebel, der alles verhüllt, ist hier draußen auf Cape Race nur die leichte Brandung zu hören, die gegen die Klippen schlägt. Der Funkmast ist seit Jahren abgebaut, und nur der Leuchtturm erinnert noch an die bedeutungsvolle Zeit des Ortes. Wir treffen einen Verwandten des seinerzeitigen Funkers. Er verwaltet den Leuchtturm nur noch, aber er zeigt uns das originale Funk-Signalbuch aus der Nacht, in der die *Titanic* sank: Punkte und Striche, von Hand geschrieben. Irreale Kommunikations-Chiffren über eine tatsächliche Katastrophe.

Pistolenschüssen, und sie sahen, wie die *New York* durch den Sog der Schrauben wie von unsichtbarer Hand zur *Titanic* hingezogen wurde. Gerade noch rechtzeitig erkannte man auf der Brücke der *Titanic* die drohende Kollision und stoppte die Maschinen. Der Schlepper *Vulcan* konnte in letzter Minute eine Trosse an der *New York* befestigen und sie zurückziehen.

Während die Menschen am Pier aufatmeten, schüttelten Seeleute unter ihnen den Kopf: Ihnen schwante, daß es nichts Gutes bedeutete, auf diese Weise eine Jungfernfahrt zu beginnen.

Die *Titanic* erreichte im Verlaufe des Nachmittags den Kanal und legte am Abend in Cherbourg an. Hier stiegen Passagiere vom Kontinent zu, aber auch Auswanderer aus Afrika. Der letzte europäische Hafen, den das Schiff anlief, war Queenstown, das heutige Cobh, an der irischen Südküste. Hier stiegen an diesem Donnerstag, dem 11. April, weitere Auswanderer zu, und es wurden auch rund sieben Millionen Postsendungen an Bord gebracht. Denn das Kürzel R.M.S: (Royal Mail Steamer), das die *Titanic* vor ihrem Namen führte, wies sie als einen Königlichen Postdampfer aus.

Viele Passagiere nahmen in Queenstown zum letzten Mal in Europa die Gelegenheit wahr, einen Gruß nach Hause zu schicken. Diese Briefe und Postkarten erreichten das europäische Festland am 15. April, also am gleichen Tag, als die *Titanic* Schiffbruch erlitt. In vielen Fällen waren die Absender bereits tot, als die Briefe und Postkarten in die Hände der Empfänger gelangten.

Der Aufenthalt in Queenstown dauerte nur wenige Stunden. Danach wendete die *Titanic*, fuhr die irische Südküste entlang und nahm Kurs Richtung Atlantischer Ozean.

Likörflasche mit geprägtem Hersteller-aufdruck.

In ruhiger See bis kurz vor Mitternacht

Vieles wurde nun schnell zur Routine an Bord. Man gewöhnte sich an die regelmäßigen Mahlzeiten, und in der 1. Klasse freuten sich die Passagiere darauf, eines der beiden Orchester unter der Leitung von Wallace Hartley zu hören. Ragtime, Potpourris aus Operetten und Wiener Walzer tönten diskret durch die noblen Säle. In der Werbung für die 3. Klasse hatte es zwar geheißen, daß es „an Bord gratis Musik" gebe, aber man hatte verschwiegen, daß die Gratismusik nur für die Passagiere der 1. und 2. Klasse erklingen würde. In der 3. Klasse machte man sich, auch gratis, die Musik selbst. Zu den Klängen von Ziehharmonika, Mundharmonika, Dudelsack und Geigen wurde gesungen und getanzt.

Am Sonntag, dem 14. April, erhielten die beiden Funker auf der *Titanic* eine Eisbergwarnung nach der anderen: Eis, Eisberge und Packeis waren viel weit südlicher gesichtet worden, als es normalerweise im April üblich war. Die Funker bedankten sich für jede dieser Warnungen, schickten sie zur Kommandobrücke, wo sie eine nach der anderen an die Anschlagtafel geheftet wurden. Es stand fest,

Die *Titanic* landete nicht sanft auf dem Meeresboden. Bei etwa 40 Stundenkilometer lag die Aufprallgeschwindigkeit. Mit Robin, einem ROV (Remote Operated Vehicle), kann das Wrack untersucht werden. Hier bewegt es sich in jenem Bereich des Schiffes, der den männlichen Passagieren der 3. Klasse vorbehalten war.

Links oben: Das Wrack der *Titanic* aus nächster Nähe: Blick auf einen Bereich, der nur der Besatzung des Schiffes zugänglich war.

Links unten: Einer der beiden Anker der *Titanic*. Jeder wog 7,25 Tonnen. Heute sind auch sie durch Bakterien angefressen, die das gesamte Wrack zu verspeisen drohen. Niemand weiß, wann es zusammenbrechen wird.

daß man auf dem Weg in ein Eisgebiet war, die Fahrt wurde jedoch nicht verlangsamt. Lediglich der Ausguck wurde ermahnt, verschärft nach Eis Ausschau zu halten.

Kapitän Edward J. Smith war geradezu der Nestor der White Star Line. Er war der vertrauenswürdigste und höchstbezahlte Kapitän der Reederei und bei den Passagieren der 1. Klasse sehr beliebt. Es gab sogar einige, denen es egal war, mit welchem Schiff sie fuhren, Hauptsache, „E. J." war als Kapitän an Bord.

Im Restaurant war das Abendessen beendet, und der Abend neigte sich allmählich dem Ende zu. Das Orchester spielte sein letztes Stück, die Barcarolle aus „Hoffmanns Erzählungen", und die Passagiere begannen, sich in ihre Kabinen zurückzuziehen. Ein weiterer Tag auf dem Meer war vorüber.

Draußen auf Deck war es bitter kalt, und die Temperatur im Wasser war auf minus 1/2 Grad Celsius gesunken. Der Nordatlantik war wie ein riesiger Glasspiegel, und es war schwer zu bestimmen, an welcher Stelle der Himmel endete und das Meer anfing. Seemänner berichteten später, daß sie die See niemals so ruhig wie in dieser Nacht gesehen hätten. Die Ruhe hielt nicht mehr lange an.

Es war fast zwanzig Minuten vor Mitternacht, als Frederick Fleat, der zusammen mit Reginald Lee hoch über dem Vorderdeck Ausschau im Krähennest hielt, plötzlich etwas ausmachte, das, wie er es später beschrieb, aussah wie „zwei Tische übereinander". Sofort läutete er dreimal die Glocke als Zeichen für „Gefahr voraus", sofort rief er die Brücke an.

Der Hilferuf der *Titanic*

An der südöstlichsten Ecke Neufundlands liegt eine felsige Halbinsel, Cape Race. Der Leuchtturm sieht mitgenommen aus. Ein Schild warnt vor herabfallendem Putz. Neben dem Turm einige Telegrafenstangen im Wind. Trostlos ist es hier. Nichts kündet von einstiger Bedeutung.

In der Nacht vom 14. zum 15. April 1912 war hier alles anders. Im Signalbuch des Leuchtturmes stehen nur einige wenige Zeilen, die aber in aller Kürze die enorme Dramatik widerspiegeln, als die Nachrichten von dem Unfall der *Titanic* das Land erreichten:

„14. 4. Kollision *Titanic* mit Eisberg ca. 360 S.S.E. Cape Race, erste C.Q.D. Signale erhalten 22.25. Eine Flut von Telegrammen aus aller Welt. Vollständig überschüttet mit Telegrammen. Keine Zeit, Mitteilungen einzutragen."

Erprobung der Telegrafie

Die Geschichte von Cape Race geht auf Guglielmo Marconi, eine der führenden Persönlichkeiten in der Telegrafie, zurück. Die Erfindung der drahtlosen Telegrafie brachte ihm 1909 den Nobelpreis ein. Seine Erfindung stellte sich jedoch erst beim Untergang der *Titanic* unter Beweis. Die Sendestation von Cape Race gehörte zu den ersten, die Marconi erbaute. Gerade ihre Lage auf einer Halbinsel, an einem der östlichsten Punkte des amerikanischen Kontinents, war ideal, um Schiffe auf See zu erreichen. Im Jahre 1912 konnte man noch keine Signale guter Qualität direkt nach Europa senden. Statt dessen über-

Bullauge mit Glas – gesprungen, aber nicht zerbrochen.

trug man Telegramme von Schiff zu Schiff, sie „sprangen“ von Funker zu Funker, um schließlich ihren Bestimmungsort zu erreichen.

Die *Titanic* hatte am Abend des 14. April 1912 guten Kontakt mit Cape Race. Die Funker, Jack Phillips und Harold Bride, waren nicht bei der Reederei White Star Line, sondern bei der Marconi-Gesellschaft angestellt.

Die drahtlose Telegrafie steckte noch in den Kinderschuhen und wurde von vielen als ein angenehmes Spielzeug betrachtet. Es war für viele Passagiere gerade der 1. Klasse auch etwas ganz Besonderes, private Botschaften von einem Schiff weit draußen im Atlantik zu senden. Phillips und Bride waren deshalb überhäuft mit Telegrammen, die sie über Cape Race versandten.

Lampe mit zerborstenem Glas.

Als die *Californian* der Leyland Line gegen halb 12 Uhr nachts versuchte, mit der *Titanic* Kontakt aufzunehmen, unterbrach sie Phillips mit den Worten: „Halten Sie den Mund! Ich habe Kontakt mit Cape Race.“

Etwa 10 Minuten später versuchte

die *Titanic*, „einem großen, schwarzen Gegenstand" auszuweichen. Die Beschädigung des Schiffes durch den Eisberg war so stark, daß die *Titanic* zu sinken begann. Eine der größten und historisch meist geschilderten Seetragödien nahm von da an ihren Lauf.

Am gleichen Abend hatte die *Carpathia* der Cunard-Line Telegramme von Cape Race erhalten, und der Funker Thomas Cottam entschloß sich, sie schon am gleichen Abend weiterzugeben.

Er war eigentlich nicht dazu verpflichtet, da er der einzige Funker war und tagsüber arbeitete. Es war nach 24 Uhr. Cottam war müde und wollte sich schlafen legen. Er begann sich auszuziehen und die Schuhe aufzuschnüren. Plötzlich kam ihm der Gedanke, die Telegramme an die *Titanic* abzusenden. Er schaltete seinen Marconi-Sender ein und rief seinen Kollegen Phillips mit dem Zusatzsignal MGY an, dem „drahtlosen Namen" der *Titanic*.

Cottam wurde von der Antwort mehr als überrascht: Was er von der *Titanic* hörte, waren keine Artigkeitsphrasen, sondern CQD, das Seenotzeichen. Er stürzte halb angezogen auf die Kommandobrücke und traf dort auf den ersten Steuermann Dixon. Dieser schob ihn vor sich her zu Kapitän Rostron, der erst einmal wütend reagierte: Ein Funker hätte anzuklopfen, bevor er eintritt.

Nach der Zurechtweisung reagierte Rostron auf die eigentliche Nachricht: „Nein, das ist unmöglich, sie ist ja selbst ein Rettungsboot."

Durcheinander im Äther

Cottam jedoch blieb bei seiner Behauptung, daß es die *Titanic* sei, von der die Notsignale gekommen waren. Rostron begann langsam, das Undenkbare für wahr zu halten, schließlich ließ er sich gar überzeugen und gab Cottam die Anweisung, der *Titanic* mitzuteilen, daß man zu ihr unterwegs sei. „Vier Stunden" werde man brauchen, fügte er später hinzu, nachdem die Position festgestellt worden war.

Die *Carpathia* drehte nach Norden und stürmte der letzten Position der *Titanic* entgegen. Auf Cape Race konnte man dem dramatischen Geschehen weit draußen in der Nacht folgen. Man erhielt Signal auf Signal von der *Titanic*, die tiefer und tiefer sank.

Weiß sind die Krabben in dieser Tiefe. Das Glas in der offenen Fensterluke ist noch erhalten. Das ist ein Hinweis darauf, daß dieser Schiffsteil schon voller Wasser stand, bevor er sank.

Weder in Cape Race noch in irgendeiner anderen drahtlosen Sendestation war man auf solch eine Notsituation vorbereitet. Es gab auch keine festen Regeln darüber, wer überhaupt senden durfte, welche Wellenlänge zu benutzen war und wann ein Funkspruch abgesetzt werden konnte. Es herrschte ein solches Durcheinander im Äther, daß irgendwann ein verwirrendes Telegramm auftauchte, wonach die *Titanic* gerade nach Halifax gebracht würde. Tatsächlich lag sie zu diesem Zeitpunkt schon auf dem Meeresgrund.

Wahrscheinlich hätte die *Carpathia* nie die Notsignale der *Titanic* gehört, wenn nicht von Cape Race die Telegramme über die *Carpathia* an den Ozeandampfer gefunkt worden wären. Aber so spielte die kleine Sendestation draußen auf der Felshalbinsel von Neufundland eine wichtige Rolle in einem historischen Stück, das die Welt niemals vergessen wird.

Der Aufgabenkatalog der *Titanic*-Expedition

Bei ruhiger See läuft die *Ocean Voyager* in den Hafen von St. John's ein. Die Expedition 1996 hat für mich begonnen. Die RMS Titanic, Inc. als Inhaberin der Exklusiv-Rechte zur Bergung von *Titanic*-Artefakten hat sich für diese Fahrt mehrere Ziele gesteckt:

- weitere Erkundungen über die Tragödie des *Titanic*-Untergangs durch ein Forscherteam aus Historikern, Meeresarchäologen, Konservatoren und Mikrobiologen
- Dokumentation der Tauchgänge zur *Titanic* durch die TV-Sender Discovery Channel und Canal+
- Bergung eines elf bis fünfzehn Tonnen schweren Teiles der *Titanic*-Bordwand und Transport des Teils nach New York.

Zudem werden zum ersten Mal etwa 2000 Passagiere die Möglichkeit haben, auf den amerikanischen Kreuzfahrtschiffen *Royal Majesty* und *Island Breeze* die letzten drei Tage der Expedition live mitzuerleben.

Meine Heimat ist für die nächsten Wochen die *Ocean Voyager*. Dieses Schiff gehört der französischen Produktionsfirma Aqua+, einer Tochterfirma des französischen Privatsenders Canal+.

Einst war die *Ocean Voyager* ein Eisbrecher der kanadischen Küstenwacht, bis Aqua+ das Schiff in ein schwimmendes Fernsehproduktionsstudio mit allem, was dazugehört, verwandelte. Die Filmcrews von Discovery Channel und Canal+ haben die Möglichkeit, Videomaterial mit Hilfe eines digitalen Schnittsystems auf dem Schiff direkt zu bearbeiten. Zusätzlich ist das Schiff mit einem Tiefsee-Sonar, einem Navigationssystem, Radar sowie Satelliten-Telefon bzw. -Fax ausgestattet. Für Unterwasseraufnahmen stehen auf der *Ocean Voyager* zwei Deep-Rover-U-Boote namens *Jules* und *Jim* – die Namen sind gleichsam eine kleine Verbeugung vor dem gleichnamigen Film von François Truffaut – zur Verfügung, die bis zu 1000 Meter tief tauchen können. An Bord der *Ocean Voyager* hat die RMS Titanic, Inc. zudem Räume für die konservatorische Behandlung gehobener Artefakte eingerichtet. Die für die Konservierung der Artefakte zuständige französische Firma LP3 hat somit die Möglichkeit, direkt nach den Bergungen an die Arbeit zu gehen, um den Artefakten jene pflegliche Behandlung zukommen zu lassen, die wesentliche Voraussetzung für ihren Erhalt ist. Damit die *Ocean Voyager* auch aus der Luft erreichbar ist, besitzt sie eine Fläche, auf der kleinere Hubschrauber vom Typ *Ecureuil* landen können.

Als ich in St. John's auf die *Ocean Voyager* gehe, hat sie schon zwei Wochen am Unglücksort der *Titanic* verbracht. Nach dem Einlaufen in St. John's werden Mitglieder der Mannschaft ausgetauscht sowie neuer Treibstoff und Proviant aufgenommen.

Für die Tiefseetauchgänge zum Wrack arbeitet die RMS Titanic, Inc. eng mit dem renommierten französischen Meeresforschungs-Institut IFREMER (Institut Français des Recherches pour l'Exploitation des Mers) zusammen. IFREMER hat für diese Expedition das Forschungsschiff *Nadir* als technisches Operationscenter sowie das Tiefsee-Forschungs-Boot *Nautile* zur Verfügung gestellt.

Poller vom Vorderschiff der *Titanic*. Das gesamte Schiffswrack sieht wie bekleckert aus. Tatsächlich sind das jedoch die Spuren des Bakterienfraßes.

Links: Die Reste einer Deckenlampe vor der großen Treppe zum Vordeck der 1. Klasse. Die ornamentalen Formen hat die Natur in den gut achtzig Jahren geschaffen, seitdem das Wrack jetzt auf dem Meeresboden liegt.

Der Untergang der *Titanic*

Der erste Steuermann Murdoch sah den Eisberg fast gleichzeitig wie die beiden Männer im Ausguck. Er befahl sofort, hart Steuerbord zu drehen, die Maschinen auf volle Fahrt zurück zu stellen und die wasserdichten Türen zu schließen.

Doch die Geschwindigkeit war zu hoch, der Eisberg zu nah, die Kollision unvermeidbar. Kein Schiff hätte einen solchen Zusammenprall ausgehalten. Der Eisberg schrammte an der *Titanic* entlang, riß im Vorderschiff die doppelten Böden und die Steuerbordseite auf einer Länge von 90 Metern auf. Das Schiff, das noch schwimmfähig gewesen wäre, wenn nur vier der vorderen Kammern voll Wasser gestanden hätten – jetzt waren es aber sechs –, begann, bugvoran zu sinken.

Keine Panik auf der Titanic

Kapitän Smith stürzte auf die Kommandobrücke, erfaßte die Lage sofort, inspizierte zusammen mit dem Konstrukteur Thomas Andrews, der jede Ecke und jeden Winkel der *Titanic* kannte, das Vorderschiff, und mußte danach von Andrews hören, daß sich das Schiff bestenfalls noch 90 Minuten über Wasser würde halten können. Smith weigerte sich zuerst, die Aussage zu glauben:

„Sie kann doch gar nicht sinken“, sagte er.

„Sie kann sich nicht einmal mehr flott halten“, war die Antwort.

Man begann sofort, die Rettungsboote abzudecken, und stand vor der Frage, wie man die Passagiere benachrichtigen könnte, ohne daß eine Panik ausbräche. Man beschloß, niemanden unnötig zu beunruhigen: Die Passagiere der 1. und 2. Klasse wurden deshalb äußerst höflich geweckt und gebeten, mit angelegten Rettungsgürteln an Deck zu gehen. „Eine reine Formalität", sagten die Besatzungsmitglieder, als sie die erstaunten Passagiere aus dem Schlaf holten. Es war jedoch draußen so bitter kalt, daß die meisten unter Deck blieben und warteten.

In der 3. Klasse dagegen war alles ganz anders: Viele Männer im Vorschiff waren durch die Kollision aus ihren Kojen geschleudert worden, Wasser war eingedrungen. Einige Männer stürzten aus ihren Kabinen, als das Wasser über sie hereinbrach. Aber entfliehen konnte der Katastrophe in der 3. Klasse niemand. Gitter, verschlossene Türen und rüde Wachen stoppten jeden Versuch, aus der 3. Klasse an Deck zu gelangen. Niemand erinnerte sich später, wer angeordnet hatte, die Passagiere der 3. Klasse einzusperren. Sie kamen erst an Deck, als die meisten Rettungsboote bereits zu Wasser gelassen worden waren.

Kapitän Smith begab sich bald nach der Kollision in die Funkerkabine und wies Phillips und Bride an, alles vorzubereiten, um Notsignale zu senden. Einige Minuten später kehrte er zurück mit der Positionsangabe der *Titanic*, die der 4. Steuermann ermittelt hatte.

Die ersten von der *Titanic* gesendeten Signale waren das alte Notsignal CQD. Später schlug Bride vor, daß Phillips es mit dem neuen SOS versuchen solle. „Es ist vielleicht deine letzte Chance", sagte er lachend.

So gingen die Notsignale der *Titanic* hinaus in die Nacht, und die ganze Welt – zuerst verwundert und dann entsetzt – konnte dem Drama draußen auf dem Atlantik folgen.

Als die *Carpathia* mitteilte, daß sie nördlichen Kurs nahm, „was das Zeug hält", es aber vier Stunden dauern würde, begriffen die höheren Seeoffiziere auf der *Titanic*, daß es für die meisten an Bord zu spät sein würde. Es gab nämlich nicht genug Rettungsboote.

Wenige und halbvolle Rettungsboote

Die Vorschriften für Rettungsboote waren 1912 hoffnungslos veraltet. Die Anzahl der Rettungsboote wurde nach Kubikfuß berechnet und nicht nach der Zahl der Passagiere, die das Schiff aufnehmen konnte.

Die *Nautile* ist mit zwei Greifarmen ausgerüstet, mit denen Wrackteile aufgelesen und gesammelt werden können. Die starken Greifer können so feinfühlig gelenkt werden, daß selbst das dünnste Porzellan eines Teetäßchens nicht zu Bruch ginge.

Rechts: Fest im Griff der *Nautile* ein Wasserboiler aus der Küche der *Titanic* (siehe Seite 138).

Diese Vorschrift war zuletzt 1894 überarbeitet worden und galt für Schiffe bis 10000 BRT. Diese Schiffe sollten „16 Rettungsboote unter den Davits" haben – für die *Titanic* bedeutete das 962 Rettungsboot-Plätze –, aber gleichzeitig ließ die Vorschrift zu, 3547 Personen an Bord zu nehmen.

Die *Titanic* hatte mehr als die vorgeschriebenen Rettungsboote. Der schwedische Ingenieur Axel Welin hatte nämlich neue Davits konstruiert, die es erlaubten, vier Paar Rettungsboote je Davit-Paar aufzunehmen. Da das Gesetz aber nicht so viele Rettungsboote vorschrieb, kürzte man beim Bau die Zahl auf 20, was trotz allem vier mehr waren als die vorgeschriebenen. Insgesamt gab es 1178 Plätze in den Rettungsbooten. An Bord der *Titanic* befanden sich in dieser Nacht 2207 Menschen. Die meisten waren dazu verurteilt zu sterben.

Obwohl die Passagiere der 1. und 2. Klasse nur widerstrebend an Deck gingen und die der 3. Klasse eingeschlossen waren, ließ man die Boote schnell zu Wasser. Daher gab es auch am Anfang zu wenige Leute für die Boote: Boot Nr. 1 hätte 40 Personen aufnehmen können, aber im Boot waren gerade zwölf Menschen. Als Boot Nr. 6 gefiert wurde, waren gerade 26 Menschen drin, obwohl es Platz gab für 65. Auf der Backbordseite wurde die Regel „Frauen und Kinder zuerst" so streng eingehalten, daß auch in nicht voll besetzte Boote kein Mann zusteigen durfte. Auf der Steuerbordseite war William Murdoch für die Rettungsboote verantwortlich. Er dagegen fand es wichtiger, so viele Menschen wie möglich zu retten. Deshalb ließ er auch Männer in die Rettungsboote steigen, sofern es noch Platz gab.

Während das Vorschiff immer tiefer sank, nahmen die Bedenken der Passagiere, in ein Rettungsboot zu steigen, immer mehr ab. Als nur noch wenige Boote bereitstanden, strömten plötzlich Hunderte von Passagieren der 3. Klasse an Deck. Die letzten Boote, die zu Wasser gelassen wurden, waren überfüllt.

Schrauben glänzten gegen den Sternenhimmel

Als sämtliche Rettungsboote kurz vor zwei Uhr im Wasser waren, war das Vorschiff schon unter dem Meeresspiegel verschwunden. Das Ach-

Die Welt will Artefakte sehen

Die Expedition 1996 ist die vierte „Reise zur *Titanic*", die von IFREMER und RMS Titanic, Inc. gemeinsam realisiert wird. 1987, 1993 und 1994 wurden insgesamt fast 4000 Artefakte aus dem Umfeld der *Titanic* geborgen, das der Größe der Innenstadt Londons entspricht. Unter den 4000 Gegenständen befinden sich zeithistorische Dokumente wie Zeitungen, Briefe, Visiten- und Spielkarten sowie eine Bronzestatue (Bronze-Cherub), zeitgenössischer Schmuck, aber auch nautische Instrumente. Ein Teil der geborgenen Gegenstände wurde 1991/92 in Schweden und Norwegen sowie 1994/95 im National Maritime Museum von Greenwich/London einer breiten Öffentlichkeit gezeigt. Über dreihundert Stunden Videomaterial sind zudem vom Wrack und den Bergungsarbeiten gedreht worden. Auf der Basis dieses Materials entstand 1994 der Dokumentarfilm „The Explorers of the *Titanic*" von Alexander Lindsay und Simon Normanton im Auftrag von National Geografics.

Neben dem Präsident der RMS Titanic, Inc., George Tulloch, gibt es eine weitere Person von entscheidender Bedeutung für die *Titanic*-Expeditionen: Paul-Henri Nargeolet, genannt P. H. Der ehemalige Leiter von IFREMER ist heute Geschäftsführer der französischen Fernsehproduktionsfirma Aqua+.

Müßte man die Rolle von P. H. in wenigen Worten beschreiben, käme man nicht umhin, ihn als den technischen Back-up von George Tulloch zu bezeichnen. Nargeolet gehört zu den weltweit erfahrensten Tiefseeforschern und ist maßgeblich am Erfolg der Expeditionen von IFREMER beteiligt.

terschiff hob sich höher und höher, aber noch brannte Licht auf dem Ozeanriesen. Tief unten im Maschinenraum der *Titanic* waren nämlich der Chefmaschinist Joseph Bett und seine Maschinisten an ihren Plätzen geblieben, um die Stromversorgung aufrechtzuerhalten, mit der Hoffnung der Verzweifelten: Solange noch das Licht brannte, könnten vielleicht noch einige Menschen aus dem Schiffskörper an Deck gelangen, und falls die Funkstation noch ein paar Minuten länger betrieben werden könnte, gäbe es vielleicht ein Schiff, das nah genug war, um rechtzeitig an der Unglücksstelle einzutreffen und zu helfen.

Den Menschen in den Rettungsbooten bot sich deshalb ein geradezu aberwitziger Anblick: Die *Titanic* stand nahezu senkrecht im Wasser, ihre Schrauben glänzten etwa 50 Meter hoch gegen den Sternenhimmel, und aus den Bullaugen strömte Licht in die Nacht.

In dieser Lage begann die *Titanic* auseinanderzubrechen. Das Vorschiff befand sich unter Wasser, und mittschiffs, zwischen dem

Jedes Auftauchen der *Nautile* bringt gleichzeitig auch mehr Wissen über das Wrack der *Titanic* ans Tageslicht. Das 18 Meter lange und acht Tonnen schwere Tiefsee-Tauchboot schafft die Voraussetzungen für die wissenschaftliche Arbeit am Wrack.

NAUTILE IFREMER

dritten und vierten Schornstein, lagen die Maschinen. Sie wogen zusammen 2000 Tonnen, achtern davor stand die Turbine mit ihren 400 Tonnen, die Schrauben wogen fast 100 Tonnen und das Ruder 101 Tonnen. Der Schiffsrumpf konnte diese Belastung und Spannung nicht aushalten. Mit dem Getöse einer Explosion brach das Schiff, verschwand das Vorschiff in den Tiefen des Meeres, während das Achterschiff sich noch einige Minuten an der Oberfläche hielt. Die Lichter waren jetzt erloschen, und das Schiff zeichnete sich als schwarze Silhouette gegen den Sternenhimmel ab. Menschen wurden vom Achterschiff in das dunkle, entsetzlich kalte Meer geschleudert. Die Überlebenden im Wasser versuchten, schnell ein Rettungsboot zu erreichen, um nicht in den Sog des versinkenden Achterschiffs zu geraten – doch der Sog blieb aus, als es im Wasser versank. Gerettet wurden dadurch jedoch nur wenige.

Nahezu 1500 Menschen im Wasser schrien und schlugen um sich und kämpften im Wirrwarr von Wrackteilen um ihr Überleben. Die Rettungsboote hatten einigen Abstand und warteten. Niemand wagte, in dieses Chaos hineinzurudern. Der 5. Steuermann Lowe sagte später: „Wir warteten, bis es sich etwas gelichtet hatte." Dann fuhr er mit dem Boot 14 näher an die Unglücksstelle heran. Vier Menschen konnten noch geborgen werden, einer von ihnen starb kurz darauf.

Die *Carpathia* kam morgens gegen vier Uhr an. Sie barg 712 der ursprünglich 2207 Menschen an Bord der *Titanic*. 1495 Menschen waren umgekommen. Als die Sonne aufging, sahen alle ein weißes Band von Eis und Eisbergen rings um sich herum. Die *Titanic* hätte keine Chance gehabt, hier durchzukommen.

Das Entsetzen in der Welt

Am Abend des 18. April 1912 erreichte die *Carpathia* mit den Überlebenden der *Titanic*-Katastrophe New York. Mehr als 40 000 Menschen standen am Kai und an den Ufern, um das Schiff einlaufen zu sehen. Die Weigerung der *Carpathia*, Fragen per Funk zu beantworten, sowie ein allgemeiner Mangel an Informationen über die Katastrophe hatten die Gerüchteküche kochen lassen. Das Interesse war kolossal. Viele Reporter versuchten vergeblich, beim Einlaufen der *Carpathia* in den Hafen an Bord zu gelangen. An diesem Abend aber sollten noch viele Fragen beantwortet werden.

Die „New York Times" war die Zeitung, in der die vergangenen Ereignisse am eingehendsten behandelt worden waren. Chefredakteur Carr van Anda war ein Freund von Guglielmo Marconi. Diese Freundschaft machte sich jetzt bezahlt: Marconi persönlich geleitete einen der Zeitungsreporter an Bord der *Carpathia* direkt bis zur Funkerkabine, wo sich der überlebende 2. Funker der *Titanic*, Harold Bride, aufhielt. Dessen ausführliche Schilderung – gegen Bezahlung – seiner Erlebnisse auf der *Titanic* war einer der größten Coups der „New York Times" in der gesamten Berichterstattung über die Katastrophe.

Die Überlebenden wurden in verschiedene Krankenhäuser, Auswandererheime und zu Hilfsorganisationen gebracht, falls sie nicht von Verwandten am Pier abgeholt wurden. Die Auswanderer hatten diese Hilfe, die ihnen jetzt zuteil wurde, dringend nötig. Denn sie hatten alles verloren und waren bei ihrer Ankunft in den Vereinigten Staaten vollkommen mittellos. In New York hatten Wohltätigkeitsorganisationen für die Überlebenden Kleidung und Geld gesammelt.

Die Zeitungen waren voll von mehr oder weniger seriösen Berichten, die teilweise die Verwirrung noch vergrößerten. Einigen Passagieren der 3. Klasse widmete man nicht nur positives Interesse, wie z. B. der 18jährigen Anna Turja aus Finnland. In dem Krankenhaus, in dem sie gepflegt wurde, erhielt sie seltsame Besuche: „Viele reiche Menschen kamen ins Krankenhaus und fanden es sonderbar, daß ein so armes Mädchen wie ich gerettet worden war, während andere Reiche gestorben waren."

Schnelle Untersuchung in den USA

Die Vorbereitungen für einen amerikanischen Untersuchungsausschuß waren bereits in dem Moment, als das Unglück bekannt wurde, eingeleitet worden. Senator William Alden Smith aus Michigan ergriff die Initiative für die Einsetzung eines Untersuchungsausschusses, was die britischen Behörden ziemlich verärgerte. So erklärten sie, daß es sich bei der *Titanic* um ein britisches Schiff handelte, mit britischer Besatzung. Infolgedessen sei es eine britische Angelegenheit. Die Amerikaner sollten sich daher nicht in fremde Angelegenheiten einmischen.

Im nachhinein muß man feststellen, daß es von großem Vorteil war, daß Senator Smith die Forderung nach einem Untersuchungsausschuß früh aufstellte und daß dieser auch zustande kam. Vieles von dem, was in den USA aufgenommen worden war, fiel bei der etwas später stattgefundenen britischen Untersuchung in London weg.

Senator Smith war kein Seemann, somit waren auch seine Kenntnisse über Seefahrt und Schiffe äußerst begrenzt. Das gab ihm gelegentlich etwas Lächerliches, obgleich seine Absichten eindeutig und klar waren: Er wollte Hintergründe öffentlich und die wirtschaftlichen Faktoren erkennbar machen, die im Zusammenhang mit der Katastrophe standen, um festzustellen, wie viele Konzerne darin verstrickt waren.

Gelegentlich waren seine Fragen im Untersuchungsausschuß jedoch etwas verblüffend. Die Presse hämte über ihn, als er beispielsweise den 2. Steuermann Charles Lightoller über die wasserdichten Schotten befragte:

Bronzeschilder aus dem Maschinenraum.

„Können Sie mir sagen, ob jemand von der Besatzung oder den Passagieren zu diesen oberen wasserdichten Abteilungen als letztem Zufluchtsort kam, ich meine, einem Platz, um dort zu sterben?"

„Das kann ich unmöglich sagen, Sir."

„Ist das überhaupt glaubhaft?"

„Nein, Sir, sehr unglaubhaft."

„Und Sie selbst zogen es vor, zu versuchen, im offenen Meer davonzukommen?"

„Offenbar."

Nach diesem Schnitzer nannten die Zeitungen den armen Senator „Wasserdicht Smith". Trotz dieser und anderer eher merkwürdiger Fragen kam Smith zu einem guten Resultat. Am 28. Mai 1912 legte er seine Ergebnisse in einem Bericht vor, der teilweise eine beißende Kritik an der britischen Handelsflotte beinhaltete: Zuwenig Rettungsboote, keine Rettungsboot-Übungen, zu hohe Fahrtgeschwindigkeit trotz Eiswarnungen sowie Schwächen in der Schotteneinteilung waren einige der wesentlichen Punkte seiner Kritik.

Nachsichtige Untersuchung in London

Die britische Untersuchung fand in London statt. Das Board of Trade (Handelsamt) war für den Untersuchungsausschuß verantwortlich. Das Handelsamt war es auch gewesen, das der *Titanic* die Erlaubnis

Endlich an Bord der *Ocean Voyager*

Nach dem Anlegen in St. John's gehen wir als neue Passagiere an Bord der *Ocean Voyager*. Auf dem Schiff herrscht große Betriebsamkeit.

Als Neuankömmling hat man hier einige Mühe, sich sofort in eine Situation hineinzuempfinden, die nach wochenlanger Zusammenarbeit von Regeln, festgelegten und bereits eingespielten Abläufen bestimmt ist, ohne daß diese Regeln und Abläufe im einzelnen unmittelbar erkennbar wären.

George Tulloch, der diese Expedition zwei Jahre lang vorbereitet hat, ist immer präsent, auch wenn er nicht räumlich anwesend ist: Kaum hat die *Ocean Voyager* angelegt, gibt er über Funk vom Forschungsschiff *Nadir* aus die Anweisung, so schnell wie möglich den Hafen von St. John's wieder zu verlassen. Jede Stunde, die die *Ocean Voyager* nicht am Expeditionsort ist, kostet nicht nur Geld. Die dokumentarische Arbeit von Discovery Channel und Canal+ sind gebunden an das Medienzentrum, das die *Ocean Voyager* auch ist. Liegt das Schiff aber im Hafen, können die Filmcrews nicht an ihrer eigentlichen Aufgabe arbeiten.

Als ich auf der Brücke frage, wo mein Schlafquartier sein wird, treffe ich das erste Mal auf den französischen Kapitän Jean Collet, der gerade über Funkverbindung die weiteren Planungen mit George Tulloch abstimmt. Collet nimmt mich kaum wahr, verweist lediglich auf die Kabine acht, um sofort wieder sein Gespräch mit Tulloch fortzusetzen.

Ich bin der Neue, also erst einmal schon deshalb ein Fremdkörper. Als einziger Deutscher auf der Expedition muß ich zudem schnell lernen, meine Muttersprache zu vergessen. Deutsch ist hier eine ganz besonders fremde Fremdsprache für alle anderen. Hier herrscht ein bilinguales Gewirr aus englischen und französischen Sprachfetzen. Auf dem Weg zur Kabine acht – „Salut", „Hallo", „Moi, je suis Holger", „Fine to see you", „I'm Holger von der Ley" – treffe ich auf Charlie Haas und John Eaton, die zu den renommierten Historikern und Buchautoren – „*Titanic* - Triumph und Tragödie" sowie „Falling Star" – gehören. Beide verlassen jetzt hier in St. John's die *Ocean Voyager*, um später wieder mit den Passagierschiffen für die letzten drei Tage zum Expeditionsort zurückzukehren.

Sechs Stunden nach Ankunft der *Ocean Voyager* verläßt sie mit einigen neuen Besatzungsmitgliedern, mit neuen Gästen, mit neuem Proviant und mit reichlich Treibstoff St. John's. Mit Claes habe ich eine kleine Kabine bezogen, die mich stark an einen Wohncontainer Marke „Doppelbett mit Duschecke" erinnert.

Schiffe sind immer Welten für sich: Sobald sie sich von einem Hafen entfernen, führen sie ihr eigenes Leben auf dem Meer. Gemeinsam stehen wir mit Andrew Nelson, dem Creative Director von Cyberflix, die eine CD-ROM zur *Titanic* produziert hat, auf der Brücke. Das Schiff ist mittlerweile auf offener See und stampft mit 11 Knoten zum 400 Seemeilen entfernten Zielort der Expedition, an dem vor 84 Jahren die *Titanic* in den Morgenstunden des 15. April 1912 unterging.

Telefon vom Heck der *Titanic*. Es diente der Verbindung zur Brücke.

erteilt hatte, mit viel zuwenig Rettungsbooten in See zu stechen. Das Amt saß sozusagen über sich selbst zu Gericht.

Dieser Untersuchungsausschuß trat erstmals am 3. Juni 1912 zusammen und tagte zwei Monate. Über 2500 Fragen wurden gestellt, das Protokoll umfaßte insgesamt 959 Seiten. Die vielen Informationen, die man aus den vergilbten Seiten noch herausziehen kann, sind sehr aufschlußreich. Es gab offensichtlich Einvernehmen darüber, schnell einen Sündenbock zu finden, statt die wirklich unangenehmen relevanten Fragen an die Verantwortlichen zu stellen. Repräsentanten von Werft und Reederei sowie überlebende Besatzungsmitglieder wurden geladen. Nur zwei Passagiere der 1. Klasse wurden gehört, und dies auch erst auf eigenes Verlangen. Als der Vertreter der Passagiere der 3. Klasse die Frage ihrer Diskriminierung anschnitt, wurde er zum Schweigen gebracht. Solche Fragen gehörten nicht in den Untersuchungsausschuß, erklärte der Richter, Lord Mersey. In seinem Abschlußbericht stellte er später zudem fest, daß es an Bord keinerlei Diskriminierung gegeben habe.

Wenn es überhaupt eine schuldige Einzelperson gab, dann war es der Kapitän der *Californian* der Leyland Line, Stanley Lord. Die *Californian* war vom gleichen Eisgürtel festgehalten worden, in den die *Titanic* gesteuert hatte. Von der *Californian* aus hatte man später

Raketen gesichtet, die in der Höhe der Masten eines anderen Schiffes explodierten. Der Funker der *Californian* jedoch schlief. So erhielt man erst am darauffolgenden Morgen des 15. April 1912 die Nachricht vom Untergang der *Titanic*. Bei der Ankunft der *Californian* in Boston einige Tage später gingen diese Angaben durch die Presse. Von nun an wurde Stanley Lord beschuldigt, die Lichter der *Titanic* zwar gesehen zu haben, ihr jedoch nicht zu Hilfe gekommen zu sein. Auch wenn dafür keinerlei Beweise existierten, wurde Lord von der öffentlichen Meinung und den Zeitungen verurteilt.

Spätere Nachforschungen haben ergeben, daß sich die *Californian* mindestens 19 Seemeilen vom Ort der Katastrophe entfernt aufgehalten hatte und weder theoretisch noch praktisch die Möglichkeit gehabt hätte, rechtzeitig zu Hilfe zu kommen. Für beide Untersuchungsausschüsse, besonders für den britischen, bot dieser Fall eine ausgezeichnete Gelegenheit, eine einzelne Person zu brandmarken. Auf diese Weise konzentrierte sich die Aufmerksamkeit auf Kapitän Lord und nicht auf die Verantwortlichen im Handelsamt oder an Bord der *Titanic*. Im Schlußbericht wurden *Titanic*-Kapitän Smith und andere Seeoffiziere ebenso von jeder Schuld freigesprochen wie die Reederei und das Handelsamt.

Den Untersuchungsausschüssen folgte ein langer Schadenersatzprozeß, in dem schließlich Kapitän Smith die Schuld an der fahrlässigen Navigation gegeben wurde. Von den ursprünglich verlangten etwa 16 Millionen Dollar bezahlte die White Star Line nicht mehr als 97999 Dollar. Dieser lächerliche Betrag kam aber nicht den Hinterbliebenen oder Geretteten zugute. Vorher kassierten noch die verschiedenen Rechtsanwaltbüros ihre Provisionen in Höhe von 33 Prozent.

Die Bergung der Toten

Während die Ankunft der *Carpathia* in New York die Aufmerksamkeit der ganzen Welt hervorrief, traf ein anderes Schiff, die *MacKay Bennet*, in Halifax, Nova Scotia, ziemlich unbemerkt ein. Dieses von der White Star Line gecharterte Schiff hatte nach Toten in den Gewässern an der letzten Position der *Titanic* gesucht.

Die *Mackay Bennett* lief am 17. April 1912 von Halifax aus, beladen mit Eis, Holzkisten und Segeltuch, einem Balsamierer und einem Pastor. Am Abend des 20. April war der ungefähre Ort der *Titanic*-Katastrophe erreicht, und die Suche konnte beginnen.

Die *Bremen* der Norddeutschen Lloyd hatte berichtet, über hundert Leichen gesichtet zu haben. Eine Passagierin, Beatrice Stenke, erzählte in einem Interview, was sie gesehen hatte: In einiger Entfernung sei man an einem großen Eisberg und an etwas, das dunklen Flecken auf dem grünen Meer glich, vorbeigefahren. Dann aber erkannten die Passagiere, was es wirklich war: „Kaum zwanzig Meter von uns entfernt trieb eine fast nackte Frauenleiche mit einem kleinen Kind in den Armen an uns vorbei. Bald darauf eine andere Frau im Kleid und mit einem großen Hund an sich gepreßt. Bis zum Eisberg war das Meer in einen schwimmenden Friedhof verwandelt."

Am 21. April begann die Suche. Am ersten Tag wurden 51 Tote geborgen, von denen 24 im Meer beigesetzt wurden. Die vierte Leiche, die man fand, war ein kleiner, zweijähriger, blonder Junge. Er wurde in den Verzeichnissen so genau wie möglich beschrieben: „Grauer Mantel mit pelzgefüttertem Kragen und Manschetten, brauner Overall, Hemd, Flanellstück, lila Unterhemd, braune Schuhe und Strümpfe.

Keinerlei Erkennungszeichen. Vermutlich Passagier der 3. Klasse." Die gesamte Besatzung war sehr betroffen vom Anblick des kleinen Jungen. Alle – vom Kapitän bis zum Schiffsjungen – sammelten Geld und bezahlten damit die Beerdigung und einen Grabstein in Halifax.

Niemand wußte, wer der Junge war, so daß er als „das unbekannte Kind" bezeichnet wurde.

Arme und reiche Tote

Die Suche ging weiter. Nach zwei Wochen begann sich die Ansammlung von Leichen an Bord unangenehm bemerkbar zu machen. Der Geruch, den sie verströmten, veranlaßte Kapitän Larder, am 30. April

49°55'West, 41°44'Nord

36 Stunden braucht die *Ocean Voyager* bis zum Ziel ihrer Reise. Allmählich akklimatisieren wir uns auf dem Schiff. Erster Kontakt mit der Besatzung – wir sprechen über Wetter, Laune, Seegang. Es ist für mich wichtig, über Gespräche herauszufinden, wem welche Kompetenzen zuzuordnen sind. Meine Kindheit war davon geprägt, auf Frachtern oder Passagierschiffen der Hapag-Lloyd mitzufahren. Daher bin ich es gewohnt, die Stellung der Offiziere an ihrer Uniform abzulesen – vier Streifen für den Kapitän, drei für den ersten Offizier und so weiter abwärts in der Hierarchie. Auf der *Ocean Voyager* gibt es keine Uniformen und Schulterstücke und Streifen. Der Umgangston ist sachlich und freundlich. Nur die Wachzeiten auf der Brücke sind genauso streng geregelt wie auf allen anderen Schiffen auch: Alle vier Stunden findet auf der Brücke eine Ablösung statt.

Je mehr wir uns dem Ziel nähern, desto rauher wird der Seegang. Natur und Technik zeigen uns, daß wir uns jener Stelle im Atlantik nähern, an der die *Titanic* gesunken ist. Auf der Brücke zeigt uns das Global Positioning System (GPS) auf einem Monitor die Entfernung zur *Titanic* an, die sich stetig weiter reduziert. Zudem erkennt man beim Blick von der Reling auf die See vereinzelt das Sargassum. Diese Gattung der Braunalgen weist darauf hin, daß wir uns in einem Ausläufer der Sargassosee sowie dem Golfstrom befinden und damit nicht mehr weit vom Zielort entfernt sind.

Bei rauher See und Windstärke 4–5 wird am Horizont ein weißer Punkt sichtbar, der langsam die Konturen eines Schiffes annimmt. Es ist das Forschungsschiff *Nadir* von IFREMER, dem staatlichen französischen Forschungsinstitut.

Position 49°55'West, 41°44'Nord.

Wir sind angekommen.

Unter uns die *Titanic*.

nach Halifax zurückzukehren. 306 Tote hatte man gefunden, von denen 190 noch an Bord und die anderen dem Meer übergeben worden waren. Der Klassenunterschied dauerte bis in den Tod.

Auf einer Pressekonferenz erklärte Kapitän Larder den Journalisten, daß man sich im Fall eines Passagieres der ersten Klasse zu einer Balsamierung entschlossen hatte: „Kein bedeutender Mann wurde im Meer beigesetzt. Es erschien uns am besten, in solch einem Fall so bald wie möglich zu balsamieren, große Werte könnten eine Rolle spielen."

Die Passagiere der 1. Klasse bettete man in Holzsärge, die der 3. Klasse in Segeltuch. Besatzungsmitglieder übergab man dem Meer, wie auch einige Passagiere der 3. Klasse. Einige Männer der Besatzung legte man an Deck unter einen Berg von Eis.

Nach der *MacKay Bennet* übernahm ein anderes Schiff die Aufgabe, nach Toten im Meer zu suchen. Insgesamt wurden 336 Tote geborgen, 209 von ihnen brachte man nach Halifax, wo die meisten auf drei verschiedenen Friedhöfen begraben wurden. Auf dem größten Friedhof, Fairview Cementary, existiert ein Platz, an dem an all diese Toten erinnert wird.

Eine der Frauen, die man tot geborgen hatte, war die 29jährige Alma Pålsson aus Schweden. Sie war Mutter von vier Kindern, von denen alle das Unglück nicht überlebten. Ihr Grab unterscheidet sich nicht sehr von den anderen Gräbern. Anderthalb Meter neben dem Grab steht der Stein, unter dem das unbekannte Kind ruht.

Spätere Nachforschungen haben ergeben, daß es sich bei dem kleinen Jungen um Gösta Leonard Pålsson handelte, Almas jüngsten Sohn.

Die Suche nach dem Wrack

Bereits kurz nach der Katastrophe begann man, Pläne zu schmieden, wie man die *Titanic* bergen könnte. Schon 1912 kannte man die ungefähre Tiefe, in der das Wrack lag, doch noch mangelte es an technischem Know-how, um das Wrack zu orten und zu bergen.

Nicht immer waren die Interessen wissenschaftlicher Art, nicht immer war auch bekannt, was gesucht wurde. Zu zahlreich waren die Legenden, die um die *Titanic* nach ihrem Untergang gewoben worden waren. So hieß es beispielsweise, die holländische Reichsbank hätte eine Goldsendung mit der *Titanic* verschifft. Jedoch zeigen die ursprünglichen Ladelisten, daß es nur wenig von größerem Wert in den Laderäumen an Bord der *Titanic* gab, die zudem nur zu einem Drittel gefüllt waren. Heute brächte eine von der *Titanic* geborgene Teetasse wahrscheinlich weit mehr ein als ihr Gewicht in Gold, das – wen wundert's – auch geradezu in Massen in der *Titanic* vermutet wird.

Im Laufe der Jahre und Jahrzehnte sind dann auch mehr oder weniger phantastische Expeditionspläne ans Licht gekommen. Der Beginn der ernsthaften Suche nach der *Titanic* steht jedoch im Zusammenhang mit zwei weiteren Faktoren: der erst nach dem Ende des Zweiten Weltkrieges beginnenden Tiefseeforschung und dem Wettrüsten zwischen den USA und der Sowjetunion.

US-Navy hilft bei der Suche

Nur wenige Nationen haben auf die außerordentlich teure Tiefseeforschung setzen können. So gibt es auch heutzutage nur einige wenige Wasserfahrzeuge, die bis in die Tiefe tauchen können, in der sich die *Titanic* befindet. Derartige Tiefsee-Fahrzeuge besitzen heute die USA, Rußland, Frankreich und besonders Japan, das gegenwärtig am stärksten auf die Erforschung der extremen Tiefen der Meere setzt. 186 Millionen Dollar werden dort jedes Jahr investiert, wovon 50 Millionen Dollar allein in die Entwicklung einer neuen Art von ferngesteuertem, unbemanntem Fahrzeug, genannt *Kaiko*, fließen. Mit *Kaiko* können die größten Tiefen der Ozeane erreicht werden, u.a. auch der Mariannen-Graben, dessen tiefste Stelle knapp 11000 Meter unter der Meeresoberfläche liegt. Japans Interesse an der Tiefseeforschung ist weniger wissenschaftlich denn ökonomisch geprägt: Das Inselreich in Fernost sucht Rohstoffe, mit denen es selbst nicht üppig ausgestattet ist.

Wegen der enormen Kosten hat in der Vergangenheit vorwiegend das Militär auf Tiefseefahrzeuge setzen können. Diese Ambitionen der Militärs, ihre Herrschaft auch auf die Tiefen der Meere auszuweiten, hat letztlich dazu geführt, daß die gesunkene *Titanic* aufgespürt werden konnte.

Als das französische Institut für Meeresforschung IFREMER und das entsprechende US-amerikanische Institut in Woods Hole, Massachusetts, im Sommer 1985 den gemeinsamen Versuch starteten, die *Titanic* zu finden, hatte zuvor bereits 1980, 1981 und 1983 der texanische Millionär Jack Grimm vergeblich nach dem ehemaligen Stolz der White Star Line gesucht.

Die französisch-US-amerikanische Forschungsgruppe, die sich 1985 auf die Suche nach der *Titanic* machte, stand unter der Leitung des Franzosen Jean-Louis Michel und des US-Amerikaners Dr. Robert Ballard. IFREMER begann die Suche mit ihrem Forschungsschiff *Le Suroit* mittels einer Art Kameraschlitten. Man zog den Schlitten an einem langen Kabel und filmte den Meeresboden per Video. Die Sicht war äußerst begrenzt. Zusätzlich bediente man sich eines Side-Scan-Sonars, eines seitlich sehenden Radars. Trotz wochenlangen Suchens, teils auf der ursprünglichen Position, teils an anderen Plätzen, an denen man die *Titanic* vermutete, fand man sie nicht. Die Suche wurde von dem Forschungsschiff *Knorr* von Woods Hole weitergeführt, das sich einer ähnlichen Ausrüstung bediente.

Innerhalb des erstellten Suchgebietes bewegte man sich vor und zurück. Auf englisch wird dies „lawning“ genannt und kann mit dem Rasenmähen verglichen werden. Tag für Tag suchte man, doch das einzige, was man fotografieren konnte, war lehmiger Meeresboden. Unter den Expeditionsteilnehmern sank der Mut, die *Titanic* finden zu können. Ob wohl, so fragte man sich unter anderem, das große Erdbeben von 1929, das die Kabel im Atlantik zerrissen hatte, auch die *Titanic* hatte verschwinden lassen? Vielleicht weigerte sie sich auch, ihr Geheimnis preiszugeben? Vielleicht wollte sie gar nicht gefunden werden?

In der Nacht zum 1. September 1985 tauchte ein unklares Bild auf den Monitoren auf. Ein Dampfkessel zeichnete sich auf den Bildschirmen ab. War das ein Teil der *Titanic*? Aber warum ein Dampfkessel? Aufregung entstand. Als man später das Vorderdeck filmen konnte, war man sich der Sache ganz sicher: Die *Titanic* war gefunden worden. Sie war nicht mehr länger ein Mythos, sondern in die Wirklichkeit zurückgeholt worden.

Die Entdeckung des Wracks spornte Robert Ballard an. Seine Expedition des Jahres 1986 wurde wiederum zum Teil von der US-Navy finanziert. Eine Bergungs-Expedition wurde nicht einmal erwähnt, und Ballard wurde auferlegt, nichts anzurühren. Er durfte nur filmen und fotografieren. Mit Hilfe des Tiefsee-Fahrzeuges *Alwin* der US-Navy erreichte Ballard die *Titanic*.

IFREMER kann fast alles

Die durchschnittliche Tiefe des Ozeans beträgt etwa vier Kilometer, die *Titanic* liegt 3800 Meter unter der Meeresoberfläche. Heutzutage wissen wir mehr von der Oberfläche des Mondes als von den Tiefen des Meeres. Dies hat seinen Grund in der Unzugänglichkeit. Weltweit können nur sieben Unterwasser-Fahrzeuge die *Titanic* erreichen, jedoch kein U-Boot. Ein U-Boot fährt von Hafen zu Hafen und ist ganz und gar selbständig, während ein Tiefsee-Fahrzeug ein Mutterschiff benötigt und nur in dessen Nähe arbeiten kann. Diese Fahrzeuge sind Spezialkonstruktionen und fahren nur mit geringer Geschwindigkeit.

1987 führte IFREMER gemeinsam mit einer neugegründeten US-Firma namens Titanic Ventures die erste geglückte Bergung durch.

Titanic Ventures wurde inzwischen in die RMS Titanic, Inc. umgewandelt und hat ihren Sitz in New York. Diese Firma besitzt nach einem Gerichtsbeschluß die Bergungsrechte an der *Titanic*. Dieses Recht beinhaltet aber auch die Pflicht, daß kontinuierlich Bergungen vorgenommen werden müssen – es wird jedoch nicht verlangt, jedes Jahr hinunter zur *Titanic* zu müssen.

Der Schlüssel zum Erfolg dieser ersten Expedition war die *Nautile*, ein Dreimannfahrzeug, das IFREMER gehört und eine Tauchtiefe von 6000 Metern ermöglicht. Es ist acht Meter lang und wiegt 18 Tonnen. Die *Nautile* besteht aus zwei Teilen: einem Innengehäuse und einem Mantel aus Titan. Die sogenannte Sphäre, das Innengehäuse, mißt etwa zwei Meter im Durchmesser und kann drei Personen aufnehmen: einen Piloten, eine Person, die den kleinen Kamera-Roboter führt, sowie einen Beobachter. Nur der Fahrer sitzt, die anderen beiden liegen. Durch drei Bullaugen können sie hinausblicken. Durch die geringe Größe der Bullaugen, gerade etwa ein Dezimeter, ist jedoch die Sicht ziemlich begrenzt. Die Geschwindigkeit, mit der sich das Fahrzeug bewegt, ist aus gutem Grund sehr niedrig: Es wäre ein großes Risiko, schneller als einen Knoten zu fahren. Die Scheinwerfer geben in dieser Tiefe gerade eine Sicht von etwa zehn Metern. Bei höherer Geschwindigkeit wäre es unmöglich, im Falle eines plötzlich auftauchenden Gegenstandes noch rechtzeitig abzubremsen. Deshalb fährt man langsam und führt sämtliche Arbeiten mit großer Geduld aus.

Zur *Nautile* gehört der Kamera-Roboter *Robin*, ein ferngesteuertes Fahrzeug mit einem etwa 70 Meter langen Kabel. *Robin* kann an Stellen gelangen, die außerhalb der Reichweite der *Nautile* liegen, wie z. B. das Innere der *Titanic*. Mit Hilfe von *Robin* konnte man das Tanktop-Deck filmen, also die Unterseite des Wracks, und den Gepäckraum, der sich ebenfalls weit unten befindet. Man konnte auch die große, vordere Treppenhalle untersuchen. Falls *Robin* nicht dabei ist, gibt es an seinem Platz an der *Nautile* einen Korb, in den Bergungsstücke abgelegt werden können. Dafür befinden sich an der Vorderkante der *Nautile* zwei Stahlarme, die von innen bedient werden und viele Arbeiten ausführen können: Gegenstände in den Korb heben, sie vorher zusammenbinden, Taue abschneiden und vieles mehr. Um Porzellan und Glas zu heben, benutzt man gewöhnlich

Jeder Tag ist nicht ganz gleich

06:30 Uhr, *Ocean Voyager*: Die zweistöckigen Betten sind gerade einmal 1,75 m lang, ich bin 1,86 m groß. Durch das Rollen des Schiffes bin ich in der Nacht mit dem Kopf ständig an die Wandverschalung der Kabine gestoßen. Benommen vom Schlaf, falle ich die kleine Leiter – am Historiker Wetterholm vorbei, der im Untergeschoß schläft – herunter und lande auf dem Boden. Duschen. Der kleine Wasserstrahl landet alle 20 Sekunden – draußen herrscht Windstärke 5–6 – auf meinem Kopf, ansonsten verteilt er sich auf dem Boden der kleinen Sanitärzelle.
07:30 Uhr, Frühstück: „New Yorker Frühstück" mit Andrew Nelson, Creative Director bei Cyberflix. Stehend an der Bordreling, Kaffee und drei Zigaretten. Vor uns schaukelt die *Royal Majesty*, eines der Passagierschiffe, von der aus die Fahrgäste Expedition und Team beobachten. Andrew nennt das Schiff „Our Iceberg". Etwa hundert Passagiere beobachten durch Ferngläser unser Frühstück an der Reling. Eisberg trifft Kaffee & Zigaretten.
08:30 Uhr, Brücke: Bernard Peyronnet, der erste Offizier der *Ocean Voyager*, gibt Order, mit dem Schlauchboot zur *Nadir* überzuwechseln. Kamera, Filme, Schreibzeug. Aber wo ist die Schwimmweste?
08:45 Uhr, Überfahrt: Sprung vom Schiff in das wacklige Boot. Eine Hand packt mich, damit ich das Gleichgewicht nicht verliere.
09:00 Uhr–12:00 Uhr, *Nadir*: In einem der Arbeitscontainer auf der *Nadir* schneidet Bob Anderson ein Videoprogramm für die Passagiere auf den Besuchsschiffen zusammen, die unterhalten werden sollen. Die Spielcasinos an Bord dieser Schiffe sind geschlossen. Aus Gründen der Pietät. Claes-Göran Wetterholm gibt Anderson Anregungen und stellt historisches Bildmaterial zur Verfügung. Er ist eine wahre Fundgrube.
12:00 Uhr–12:30 Uhr, Essen in der Kantine: George Tulloch und Sohn Matt, P. H. Nargeolet und Bob Anderson im Gespräch über die „Videobetreuung" der Passagiere. George soll eine Moderation für die Live-Übertragung der Expeditionsaktivitäten auf die Passagierschiffe machen. Arnaud, der freundliche Steward, serviert französische Küche: Weißwein, Scampis, Mousse au Chocolat, Obst – heute ist Sonntag. „La vie française." Alle in schmutziger Arbeitskleidung, nur Arnaud trägt ein weißes, frisch gebügeltes Hemd – wahrscheinlich ist nur die schwarze Hose tief dreckig.
12:30 Uhr–15:00 Uhr, Deck der *Nadir*: Christian Petron untersucht einen der Lichttower. Der Transponder zur Signalübertragung ist beim Heben des tonnenschweren Towers aus der See beschädigt worden.
15:00 Uhr–19:00 Uhr, Brücke: Durch die Datenbrille sehen wir uns den Tauchgang der *Nautile* in einem dreidimensionalen Bild an. Als ob man in das Wrack greifen kann, erscheinen die Bilder vor mir.
Ständiger Funkverkehr zum Bergungsschiff *Killabuk*, das darauf vorbereitet wird, ein Stück der *Titanic*-Bordwand erst aus dem Meer zu hieven und dann nach New York zu transportieren: „Halten die Seile, sind alle Sicherheitsmaßnahmen getroffen worden?"
George gibt dem Team von Discovery Channel ein Interview:

„I believe in this mission, I protect the wreck of the *Titanic*."
22:30 Uhr, zurück auf der *Ocean Voyager*: In einem Schöpfungsmythos aus der Zeit vor Homer heißt es:
„Am Anfang war Eurynome, die Göttin aller Dinge. Nackt erhob sie sich aus dem Chaos. Aber sie fand nichts Festes, worauf sie ihre Füße setzen konnte. Sie trennte daher das Meer vom Himmel und tanzte einsam auf seinen Wellen."
Die *Titanic* hat wieder ihre Ruhe, Passagiere tanzen über dem Mythos – „Wer sind denn wir, in dieser Nacht?"
23:00 Uhr, auf der Brücke: Nachtwache auf der *Ocean Voyager*. Sternenklarer Himmel, die Expeditionsschiffe kreisen um die Unglücksstelle, nur das Gequake der Funksprüche stört die Ruhe auf der Brücke. Stetig sind die Geräusche von Atlantikwellen wie ein Klangteppich unter dem Schiffsrumpf hörbar.

nicht die Arme, sondern einen Saugnapf, der den Gegenstand durch Druck anhebt und in den Korb legt.

Es gibt einige Gegenstände, die keinen Platz im Korb der *Nautile* haben. Hierfür gibt es separate Körbe, die mit Ballast gesenkt und von Schwimmern gehoben werden. Diese Körbe sind mit Sendern und einer Flagge versehen, um sie zu erkennen, wenn sie wieder an der Oberfläche auftauchen. Die tatsächlich schweren Gegenstände, wie etwa der 1994 geborgene Doppel-Poller, müssen auf eine andere Weise gehoben werden. Für die Bergung des Pollers mit einem Gewicht von 2,3 Tonnen benutzte man besondere Lift-Bags. Dabei handelt es sich um Gummisäcke, gefüllt mit Dieselöl aus den Tanks des Mutterfahrzeuges *Nadir*. Das Öl erhält den gleichen Druck wie das sie umgebende Meereswasser bei 3800 Metern, ist aber leichter als Wasser und hat daher Hebekraft. Diese Säcke sind ebenfalls mit Sendern, sogenannten Transpondern, ausgerüstet, um sie nach dem Auftauchen ausfindig machen zu können.

Am schwersten sind die letzten Meter

Das eigentliche Problem besteht jedoch nicht darin, die schweren Gegenstände vom Meeresboden zu heben – sicherlich ist es eine zeitraubende Arbeit, die Hebesäcke zu befestigen, aber am Meeresboden ist es verhältnismäßig ruhig –, sondern die Bergungsstücke von der Wasseroberfläche auf ein Schiff zu bekommen.

Ein Reporter für das Internet

Abends, 22 Uhr: Als ich meine Kabinentür öffne, fällt mir aus der gegenüberliegenden Tür ein etwa 35 Jahre alter Mann in die Arme. Er ruft mir einen kurzen Gruß zu und verschwindet, mit einer Kamera behängt, gleich wieder in den Tiefen der *Ocean Voyager.* Es ist meine erste Begegnung mit Jim Boyer, dem Reporter des Fernsehsenders Discovery Channel. Jim ist einer dieser American Good-Guys, die zwischen Ice-Climbing in der Antarktis und Gipfelstürmen in den Anden ein Bett in irgendeiner Kleinstadt in den USA haben, in dem sie, falls sie einmal zur Ruhe kommen, auf den nächsten Wirbelsturm warten. Extreme zu erfahren ist nach seiner Philosophie gleichzusetzen mit der Suche nach dem Sinn des Lebens. Der Auftrag, für Discovery Channel die *Titanic*-Expedition mit einem täglichen Update im weltweiten Internet unter der Homepage www.discovery.com zu dokumentieren, ist für Jim nicht nur die Suche nach Pannen, sondern vor allem die Darstellung der Erfolge der Expedition.

Von seinen Auftraggebern wird ihm bei der Berichterstattung völlig freie Hand gelassen. Unverblümt und frisch schreibt er über Gerüchte, Begebenheiten und Ergebnisse der Expedition in seinen täglichen Berichten. Bei Jims ständiger Suche nach einem neuen „Watergate" geschieht es nicht selten, daß er in Situationen gerät, in denen er selbst zum Abenteuer wird:

In der sechsten Nacht fragt Jim auf der *Nadir* nach einem Mittel gegen seine starke Seekrankheit, unter der er bei Windstärke 5–6 leidet. Wie wir alle mußte auch er noch in der Nacht bei hohem Wellengang in einem Schlauchboot von der *Nadir* zur *Ocean Voyager* übersetzen. Bevor er ins Schlauchboot steigt, pumpt er sich mit dem Gegenmittel aus der Bordapotheke voll, um vor seinen Reaktionen angesichts der Wellenberge gewappnet zu sein. Niemand hat ihm gesagt, daß die Tabletten mit Morphinen durchsetzt sind. Jim sitzt, ohne sich festzuhalten, sehr relaxt im Halbschlaf im Schlauchboot auf der Rückfahrt zur *Ocean Voyager.* Als das Boot kurz vor dem Anlegen an die *Ocean Voyager* von einer Welle getroffen wird, fliegt der Reporter Jim kopfüber in den Atlantik. Rundum große Panik, die sich erst wieder legt, als ihn ein Team taucherfahrener Crew-Mitglieder bei eisiger Kälte und Sturm aus dem Wasser zieht. Er ist erschrocken. Immerhin.

Für Jim Boyer ist das Internet ein neues Medium der wechselseitigen Kommunikation zwischen Journalist und Leser. Er genießt es geradezu, von den Lesern befragt zu werden. Jeden Abend fegt er durch das Schiff, um von den Mitgliedern der Crew Antworten auf die Fragen zu erhalten, die ihm via Internet gestellt worden sind. Am Ende der Expedition ist das Echo auf die Internet-Seiten für alle überwältigend: Discovery Channel hat bis zu einer Million Zugriffe pro Tag verzeichnet.

Während Jim jeden Morgen verschlafen in die Kabine kommt, um monoton sein Das-ist-das-Ende-des-Zeitungsjournalisten zu murmeln, gehört er abends zu einer kleinen Gruppe, die sich an der Schiffsreling trifft, um die neuesten Informationen über die Expedition auszutauschen. Zu ihnen gehört auch Andrew Nelson von Cyberflix. Andrew

Nelson hat vor vier Jahren diese Firma gegründet, deren typische US-amerikanische Geschichte sich in einem Satz beschreiben läßt: Vier Leute legen ihre Kreditkarten auf den Tisch und sehen, wie hoch ihr Kreditrahmen ist, um sich den Traum der Selbständigkeit zu erfüllen. Heute hat die Firma 32 Mitarbeiter und produzierte unter anderem eine „begehbare" *Titanic* auf CD-ROM. Seinem Team ist es dafür gelungen, die wichtigsten Räume der *Titanic* virtuell nachzubilden. Originalgetreu kann man von der Brücke bis zu den Kabinen die *Titanic* durchwandern.

Dies zeigte sich während der Expedition 1996, als ein Teil des *Titanic*-Rumpfes gehoben werden sollte. Das Rumpfteil war 1994 lokalisiert worden. Doch sein Gewicht konnte nur ungefähr geschätzt werden. Bei der Expedition zur *Titanic* Anfang August 1996 nahm man Lift-Bags mit, die gut 17 Tonnen heben konnten, was sich später auch als ausreichend erwies. Es nahm mehrere Tage in Anspruch, die Lift-Bags am Rumpfteil zu befestigen. Als das Rumpfteil sich hob und aufstieg, bestand eine Entfernung zwischen Lift-Bags und Rumpfteil von etwa 150 Metern. Ein bullenstarker Schlepper, *Jim Killabuk*, der mit seiner Hauptwinde bis zu 130 Tonnen heben kann und der jüngst erst einen Bulldozer, der auf dem Eis des Labrador-Sees eingebrochen war, gehoben hatte, war zur Stelle, um den großen Gegenstand auf seinem geräumigen Achterdeck unterzubringen. Was dann geschah, ist ein Beispiel für die Unberechenbarkeit des Nordatlantiks: Als man das Teil mittels Winde bis kurz unter die Wasseroberfläche hochgehievt hatte, wurde die Expedition von einem Sturm überrascht, die Seile verhedderten sich erst, rissen dann eines nach dem andern, und das Rumpfteil fiel schließlich zurück auf den Meeresboden. Es landete etwa 10 Meilen südlich des Wracks der *Titanic* auf dem Meeresboden, so daß man es wahrscheinlich bei einer der nächsten Expeditionen bergen wird.

Teile eines Uhrwerks.

Die Arbeit von IFREMER

Das französische Institut für Meeresforschung IFREMER (Institut Français des Recherches pour l'Exploitation des Mers) wurde im Jahre 1984 gegründet und beschäftigt heute mehr als 1000 Angestellte. Auf dem Gebiet der Ozeanographie gehört es weltweit zu den renommierten und großen Instituten.

Viele bekannte Forscher haben dazu beigetragen, daß Frankreich heute weltweit eine Führungsposition in der Meeresforschung einnimmt. In erster Linie muß, neben Auguste und Jacques Piccard, an Jacques Cousteau erinnert werden, der seit 1950 eine Reihe von Expeditionen mit dem Forschungsschiff *Calypso* unternahm und damit die Meeresbiologie und -archäologie um wertvolle Erkenntnisse bereicherte. Ihm gelang es auch als erstem, die *Britannic*, das im November 1916 gesunkene Schwesterschiff der *Titanic*, zu untersuchen.

IFREMER arbeitet heute auf verschiedenen Gebieten. Dazu gehört nicht nur die Erforschung großer Meerestiefen. Auch die Unter-

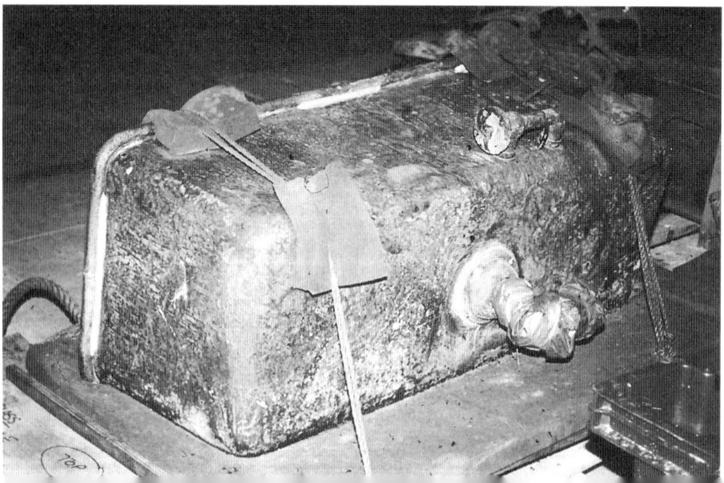

Abwaschbecken mit Geruchsverschluß.

suchung von Küstengebieten und der Fischerei sowie das Erstellen von Kartographien des Meeresbodens sind Arbeitsfelder der französischen Forschungsinstitution, deren Projekte zum Teil vom französischen Staat finanziert werden.

Auch wenn die Expeditionen zur *Titanic*, an denen sich IFREMER seit 1987 beteiligt, nur einen Bruchteil ihrer Tätigkeiten ausmachen, hat diese Mitarbeit das Institut einem breiteren Publikum auch im Ausland bekannt gemacht.

Zur Erforschung der Meerestiefen verfügt IFREMER über eine eigene Forschungsflotte mit Robotern, Sonar-Ausrüstung und Unterwasserfahrzeugen, wie das Tiefsee-U-Boot *Nautile*, das IFREMER für die *Titanic*-Expeditionen zur Verfügung stellte. Mit einer Tauchtiefe von bis zu 6000 Metern bietet es die Möglichkeit, 97% aller Meeresböden zu untersuchen.

Wer reiste hinter der Bordwand?

Die *Titanic*-Baupläne, die David Livingstone rausgerückt hat, sorgen für ziemliche Aufregung. Zu lange hielt sie die Werft unter Verschluß. George Tulloch, Bill Garzke und die *Titanic*-Spezialisten Charles Haas und John Eaton vertiefen sich stundenlang in die gelblichen Blätter mit den durch die Jahrzehnte immer dünner und durchscheinender gewordenen Strichen. Sie wollen wissen, woher das Teil aus der Bordwand stammt, das man an die Meeresoberfläche holen wird. Sie vergleichen die Baupläne mit den historischen Aufnahmen und den Unterwasservideos vom Wrack. Es muß ein Stück aus dem C-Deck sein. Aber woher da? Gewiß ist nur, daß nichts gewiß ist. Stammt es von der Kabine C-83 oder der Kabine C-85? John Eaton meint, daß es von der Kabine C-89 stammt, dem Raum eines 1.-Klasse-Passagiers namens William Stead, der sich den Luxus leistete, ein Privatbad an Bord zu haben. Aber sicher ist hier gar nichts. Wie hat dieser William Stead, versuche ich mir vorzustellen, die Kollision der *Titanic* mit dem Eisberg in dieser Nacht erfahren, die für so viele so grausam enden sollte. Ist er, wie andere auch, aus dem Schlaf hochgeschreckt und hat gemeint, das Schiff lege jetzt gerade an? Hat er dieses Geräusch gehört, das Überlebende später so zu beschreiben versuchten, als sei das Schiff über „1000 Murmeln" gefahren? Oder hat er gar nichts gehört? Hat er fest geschlafen? Es ist unmöglich, sich in die Personen zu versetzen, die Teil einer Katastrophe waren.

Immerhin weiß man, was William Stead war, bevor er mit der *Titanic* die Reise über den Atlantik antrat: Er arbeitete in London als Journalist und führte in seinen Artikeln und Kolumnen einen rigiden Kampf gegen die Prostitution.

Der Streit um die Bergungsrechte

Es ist bislang einmalig in der Geschichte, daß Bergungsrechte an einem Wrack – wie im Falle der *Titanic* geschehen – an eine Firma exklusiv vergeben wurden. In einem Gespräch mit den Autoren beschrieb Mark Davis den Weg, wie das New Yorker Unternehmen die Bergungsrechte an der *Titanic* erstritt. Mark Davis ist einer der Rechtsanwälte der RMS Titanic, Inc. Seit 1992 berät er die Firma in Rechtsfragen und vertrat sie auch in dem Verfahren in Norfolk, Virginia, in dem es um die Bergungsrechte an der *Titanic* ging.

Zahlreich sind die Wracks in den Meeren. Doch erst in den letzten Jahren wurden die technologischen Möglichkeiten entwickelt, auch in größerer Tiefe zu forschen. Gleichzeitig hat sich aber auch, wie Mark Davis betont, das Interesse an den Wracks verändert:

„Nachdem die Menschen zum ersten Mal zu Wracks vorgestoßen waren, die tief auf dem Grund in internationalen Gewässern lagen, mußte man verschiedene Dinge in Erwägung ziehen. Ich sage das deshalb, weil die Brüsseler „Salvage Convention“ wie auch alle vorherigen Bergungsrechte auf der Prämisse basierten, daß man ein Schiff und seine Ladung einzig mit dem Zweck aufspürte, es anschließend vermarkten zu wollen. Aber jetzt, da man die Möglichkeiten hat, Wracks zu erreichen, die viel tiefer liegen und häufig zudem auch älter sind, kommt zu diesem bisherigen Interesse eine neue Komponente hinzu: die archäologische und historische Bedeutung des Wracks.“

Bevor die ersten Fälle von Bergungsmaßnahmen in internationalen Gewässern vor die US-Gerichte kamen, hatte noch kein anderes Land versucht, diese Aktivitäten zu kontrollieren. Es gab verschiedene

Fälle von konkurrierenden Bergungsgesellschaften, aber das waren praktisch Katz-und-Maus-Spiele. Sehr wenige von ihnen hatten die Absicht, die Fundstücke für Museen zu bergen. Im Fall der *Central America* wurden jedoch erstmals auch Historiker und Archäologen hinzugezogen. Die Bergungsgesellschaften versuchten, sehr vorsichtig vorzugehen, da das Wrack aus dem frühen 19. Jahrhundert stammte und die Bergung sehr behutsam durchgeführt werden mußte. Als der Fall in den achtziger Jahren vor Gericht kam, wurde entschieden, daß man solche Bergungsbemühungen berücksichtigen würde, um den archäologischen und historischen Schutz des Wracks aufrechtzuerhalten. Aber warum kann dann ein US-Gericht die Rechtsprechung über ein Wrack in internationalen Gewässern übernehmen?

„Dafür gibt es", sagt Mark Davis, „zwei oder drei Gründe: Zuerst erkennt das Gericht, daß es vorkommen kann, daß Menschen am Wrack buchstäblich aufeinander schießen. So kann es dann passieren, daß diese Menschen hinabtauchen, alles ausräumen und heraufholen, was sie nur wollen, und so das Wrack dauerhaft schädigen. Deshalb sagten die US-Gerichte: Bringt uns einen Teil des Schiffs oder der Ladung, und wir werden vorgeben, daß wir die Rechtsprechung über das Wrack haben. So etwas wird konstruktive Rechtsprechung genannt ..."

Entschieden wird in Norfolk

„... Es gibt zudem eine Bestimmung im US-amerikanischen Meeresrecht, die besagt, daß man ein Schiff beschlagnahmen kann, wenn es im entsprechenden Bezirk liegt oder wenn es in den Bezirk kommt, in dem das Gericht sitzt. Die *Titanic* war auf dem Weg nach New York, aber das ist nicht von Bedeutung. Dagegen war es wichtig, wohin das Bergungsgut gebracht wurde. In diesem Fall hieß das Ziel Norfolk, Virginia. So wurde die konstruktive Rechtsprechung auf das ganze Wrack angewandt. Das Gericht sah, daß kein Gesetz die internationalen Gewässer schützte, und deswegen konnte es eingreifen und versuchen, dort etwas Ordnung zu schaffen und einige Regeln aufzustellen."

Die Frage nach der Akzeptanz einer solchen Entscheidung durch andere Länder ist durch die Gepflogenheiten des internationalen Rechts entschieden:

„Es gibt ein Prinzip im internationalen Recht, COMITY, welches besagt, daß die Gerichte eines Landes die Rechtsprechung eines anderen Landes anerkennen. Angenommen, jemand aus einem anderen Land käme und würde das Wrack bergen und wir würden davon erfahren, in diesem Fall würden wir vor das Gericht gehen und dem Richter in Norfolk davon berichten und ihn auffordern, auf Schadensersatz zu klagen oder wegen Mißachtung des Gerichts. Auch wenn keine diplomatischen Beziehungen zu den USA bestünden, würden wir diese Anordnungen des US-amerikanischen Gerichts zum Beispiel vor einem russischen Gericht anerkennen lassen. So etwas geschieht eher in den alten europäischen Ländern, die eine Art von Beziehung zu den Vereinigten Staaten haben oder sogar ähnliche Rechtsprechungssysteme. Natürlich könnte dies im Fall eines Dritte-Welt-Landes viel schwieriger werden. So gibt es auch keinen idiotensicheren Weg, das Wrack zu schützen. Alles was man tun kann, ist, soviel Kontrolle wie möglich zu erwirken."

NBC und die Russen

Erst jüngst wurde NBC verboten, vom *Titanic*-Wrack Bilder zu machen. Vom 29. April bis zum 1. Mai 1996 kam der Fall vor Gericht, und beide Parteien, einerseits John Joslyn für NBC und andererseits die RMS Titanic, Inc., legten ihre Argumentation dar. Joslyn erklärte, daß die RMS Titanic, Inc. finanziell nicht in der Lage sei, weiterhin Bergungsarbeiten am Wrack durchzuführen. Er gab dann an, daß die RMS Titanic, Inc. das ganze Jahr 1995 über nicht zum Wrack getaucht war und deswegen ihre Rechte daran verlieren müsse. Das Gericht entschied jedoch, daß die Gesellschaft im Besitz der Bergungsrechte bleibe, da es keine Notwendigkeit gäbe, in jedem Jahr Bergungsarbeiten durchzuführen. Als die Rechtsanwälte und die Gesellschaft im Juli 1996 bereits glaubten, daß Joslyn sein Vorhaben aufgegeben habe, traf ein Fax aus Rußland ein. Was geschah dann?

„Mr. Anatoly Sagalevitch hatte aus Rußland", so schildert Mark Davis den Vorgang, „ein Telefax an IFREMER geschickt, in dem er

6000 Watt für 20 Quadratmeter im Licht

Auf der Brücke der *Ocean Voyager* steht im hinteren Bereich, in diffuses Licht gehüllt, ein minutiös handgefertigtes Modell des Wracks der *Titanic*. George Tulloch beugt sich gestikulierend über den Bug des Wracks und zeigt auf die vier Stellen, an denen die vier Lichttower plaziert werden sollen. „Hier", sagt er, „und da, da und da."

Damit ist es entschieden. Jetzt weiß das Team, was zu tun ist. Christian Petron, Kameramann des Kinofilms „Im Rausch der Tiefe" von Luc Besson und Erfinder dieser Lichttürme, versucht, sich die Ausleuchtung des Wracks 3800 Meter unter dem Modell des Wracks vorzustellen. Liebevoll nennt er seine jeweils drei Tonnen schweren Lichttower „Edison", was für ihn soviel heißt, wie das Licht unter Wasser neu zu erfinden.

6000 Watt kann ein Lichttower auf das Wrack der *Titanic* abstrahlen. Hell wird es dadurch etwa auf einer Fläche von zwanzig Quadratmetern – das ist nicht viel im Verhältnis zur Gesamtgröße des Wracks, aber riesig in Relation zu der bisherigen Finsternis, in der am Wrack gefilmt und fotografiert worden war.

Bei der ersten Sichtung des Rohmaterials erscheint es mir, als ob die „Götterdämmerung" in Bildern eingefangen wurde: in der Tiefe des Atlantiks – fast vier Kilometer unter dem Meeresspiegel – die Umrisse eines Wracks. Langsam durchdringt das Licht die Finsternis und die Umgebung. Wie eine Lichtoase atmet das Wrack die Strahlen des Lichttowers ein.

Die Schönheit der Bilder läßt unmittelbar vergessen, welches Risiko es war, die drei Tonnen schweren Ungetüme zwischen den Wasserströmungen punktgenau 3,8 Kilometer tief auf dem Meeresgrund aufzusetzen.

Alexander Lindsay, der das Projekt „Lighting the *Titanic*" für die RMS Titanic, Inc. mitbetreut, hatte warnend gefragt: „Windstärke 4–5, können wir das Risiko am nächsten Tag eingehen, die Lichttower herunterzulassen?" Schließlich hat der Prototyp einen Wert von 250000 Dollar. Es wurde gewagt. Die Bilder vom Wrack sind der Lohn für das Risiko.

mitteilte, daß die Russen vorhätten, zur gleichen Zeit wie IFREMER zum Wrack zu tauchen und daher die Zeitpläne koordinieren wollten. IFREMER benachrichtigte uns umgehend per Fax in Norfolk. Wir bewirkten eine sofortige Anhörung vor Gericht und bestanden auf einer einstweiligen Verfügung, um die Russen und John Joslyn mit seiner Fernsehgesellschaft von ihrem Vorhaben abzuhalten."

Die Anwälte erklärten vor Gericht, daß man die Sicherheit nicht garantieren könne, wenn gleichzeitig zwei Bergungsteams am Ort wären, und daß deshalb Mr. Joslyn ausgeschlossen werden müsse.

„Daraufhin änderte dieser seine Geschichte bei der Anhörung ab, indem er erklärte, daß sie nicht zum Wrack tauchen würden, solange IFREMER dort sei. Sie würden warten, bis diese gehen würden. Sie würden auch nicht bergen, sondern nur fotografieren. Der Richter erklärte, daß er bereits im Mai seine Entscheidung getroffen habe, wonach die RMS Titanic, Inc. die vollständige Kontrolle über das Wrack hat. Joslyn fragte nach dem Grund, da er es nicht einsah, Fotorechte miteinzubeziehen. Wir nahmen die Position ein, daß keine andere Partei in der Lage sein solle, das Wrack zu filmen, ohne daß die RMS Titanic, Inc. es ihr erlaubt im Rahmen einer Zusammenarbeit."

Das Gericht stimmte dem zu und bestätigte damit dem Inhaber der Bergungsrechte die vollkommene Kontrolle über die *Titanic*. Dies bedeutet, daß die Gesellschaft das Wrack komplett erforschen und niemand anderes sich ohne Erlaubnis daran beteiligen kann. Das Gericht begründete seine Entscheidung damit, daß in vielen Bergungsfällen nur kommerzielles Interesse am Bergungsgut bestehe, das auf dem freien Markt an den meistbietenden Interessenten verkauft werde – ohne Rücksicht auf die archäologische und historische Bedeutung des Wracks.

Kein kommerzielles Interesse

Ein anderer Grund dafür, George Tulloch und seiner Gesellschaft die gesamten Rechte zu geben, waren die hohen Kosten, die damit in Verbindung standen:

„Die Richter erklärten, daß die RMS Titanic, Inc. mit einem knappen Budget operiere. Sie sei auf jeden Pfennig angewiesen, und in Anbetracht dessen, daß sie die Bergung sorgfältig durchführe, sei es für sie wahrscheinlich schwieriger, die finanziellen Mittel zu beschaffen. Deshalb würden sie die Firma so gut wie möglich schützen und ihr auch die Exklusivrechte an den Bildern geben."

Das war das erste Mal überhaupt, daß ein solcher Fall vorgebracht wurde, in dem man Exklusivrechte beanspruchen konnte. Bedeutete dies, daß jemand anderes genauso vorgehen könnte, oder handelte es sich um einen besonderen Fall, eben der *Titanic*?

„Bis zum heutigen Zeitpunkt ist es das einzige Gericht, das jemals ein Urteil dieser Art gefällt hat und sich dabei ausdrücklich auf die

Schwierigkeiten der Finanzierung berief. Viele andere Bergungsgesellschaften haben keine Probleme, die notwendigen Geldmittel zu beschaffen, da sie nicht die archäologischen und historischen Bedeutungen der Wracks berücksichtigen und schützen. Sie bergen Artefakte, verkaufen sie und verhalten sich damit ganz anders als die RMS Titanic, Inc. So weiß man nicht, wie dieses Gericht – oder ein anderes – bei einem anderen Schiff wie der *Lusitania*, der *Central America* oder der *SS Atlantic* entscheiden würde. Es ist von historischer Bedeutung, daß dieses Gericht diese Entscheidung traf. Zur Zeit befindet sich der Fall in der Berufung, und man kann nie wissen, wie das Berufungsgericht entscheiden wird. Aber wir sind uns darüber im klaren, daß noch kein anderes Gericht diese Position vertreten hat."

Kännchen aus der Bordküche. Dort hingen sie, immer griffbereit, zu hunderten an der Decke.

Nur Nutzungsrecht am Wrack

Einer der Gründe für die Kontroverse in den Vereinigten Staaten liegt darin, daß die *Titanic* das berühmteste Wrack der Welt ist, dem mehr Bedeutung zugemessen wird als allen anderen:

„Ich glaube, daß die Mehrheit der Amerikaner dem zustimmt, was getan wurde, solange verantwortungsvoll gehandelt wird. Und ich glaube, daß sie dies jetzt wissen."

Um weiterhin im Besitz der Bergungsrechte zu bleiben, muß eine regelmäßige Bergung stattfinden. Man muß aber bedenken, daß es das Wetter nur drei Monate im Jahr erlaubt, sicher zu bergen. Man muß auch beachten, welche Arbeit an Land verrichtet wird, mit Ausstellungen und Plänen für eine Finanzierung der weiteren Bergungen. Deshalb muß eine Bergungsgesellschaft nicht notwendigerweise in jedem Jahr tauchen, sondern kann es auch alle zwei oder drei Jahre tun:

„Der Bundesrichter George Clark in Norfolk hat dazu betont, daß es ihm nicht um die Tatsache geht, daß die Gesellschaft von 1994 bis 1996 mit der nächsten Bergung wartete. Er fügte hinzu, daß seine Entscheidung zum Teil auf dem Wissen beruhe, daß im Jahre 1995 so viele andere Dinge zu erledigen waren und die Gesellschaft nicht nur ‚Däumchen drehend' abgewartet habe. Sie war aktiv. In Anbetracht dieser Tatsache ist es deshalb für ihn nicht von Bedeutung, ob sie 1995 in den drei vom Wetter her günstigen Monaten zum Wrack getaucht ist oder nicht. Wie es ausgesehen hätte, wenn sie zwei oder drei Jahre gewartet hätte, das weiß man nicht, aber zu diesem Zeitpunkt wußten wir, daß die RMS Titanic, Inc. bei ihren Bergungsgängen eine Saison auslassen konnte, solange an Land weiter gearbeitet wurde."

Es gibt noch andere Wracks auf dem Meeresgrund als die *Titanic*. Das letzte Unglück war der Untergang der Fähre *Estonia*. Auch wenn sie sich in internationalen Gewässern befindet, existieren doch grundlegende Unterschiede zwischen den beiden Schiffen. Die *Titanic* erlaubt einen Blick auf die Gesellschaft zu Zeiten des britischen Königs Edward, während im Fall der *Estonia* eine solche Bedeutung nicht besteht. Wenn ein Gericht über ein Wrack zu entscheiden hat, dann ist es wahrscheinlich, daß die Zeitspanne seit dem Untergang und die archäologische Bedeutung in Betracht gezogen werden. Die *Andrea Doria* ist ein Fall, in dem das Schiff alt genug ist, um von archäologischem Interesse zu sein, aber das ist ein Grenzfall.

Likörflasche des Herstellers Marnier.

Es gibt auch noch andere Aspekte. James Cameron, der Regisseur von Filmen wie „Terminator" und „Alien 2", tauchte im Jahre 1995 für einen geplanten Hollywood-Film mit einem Filmteam zur *Titanic*. Dazu hatte er ein russisches U-Boot gechartert. Die RMS Titanic, Inc. entschloß sich, nicht einzugreifen, da diese Expedition nicht auf einen Dokumentarfilm abzielte, sondern auf einen Spielfilm. Jedoch verlief, wie Mark Davis berichtet, dabei nicht alles wie vereinbart:

„Ja, Schäden wurden dem Wrack zugefügt. Und ich glaube, daß dies einer der Gründe dafür war, daß wir uns so stark für den Schutz der Bildrechte für die RMS Titanic, Inc. einsetzten."

Dafür gibt es einen einfachen, leicht nachvollziehbaren Grund:

„Wenn man eine Wohnung mietet, besitzt man nicht die Wohnung, hat aber Nutzungsansprüche an dieser Wohnung. Wenn jemand die Wohnung betritt und ohne Einwilligung filmt, ist das unbefugtes Betreten, und man kann gerichtliche Schritte dagegen einleiten. Im Fall der *Titanic* hat die RMS Titanic, Inc. das Nutzungsrecht am Wrack. Es ist wie mit der Wohnung: Sie mögen zu diesem Zeitpunkt

Ein Lichtturm macht sich selbständig

Die Natur spielt nicht mit. Anders als auf all den wundervollen Zeichnungen, die in den angelsächsischen Blättern im Vorfeld der Bergung des Rumpfteils veröffentlicht wurden, sieht die Praxis aus: Ein Liftbag hat sich, aus welchen Gründen auch immer, einfach davongemacht und schwimmt jetzt irgendwo im Ozean. Zwar hat man nach ihm wie verrückt gesucht auf einer Fläche von hundert Quadratmeilen, aber trotz seiner auffälligen rotgrünen Färbung war er bis zum Einbruch der Dunkelheit unauffindbar. Er wird nicht untergehen. Spötter mutmaßen, daß er bereits auf dem Weg nach Schweden sei. Keiner fragt: „Warum Schweden?", weil niemand eine ernste Antwort auf eine solche Frage geben könnte. Damit sich die Stimmung auch gar nicht bessert, hat sich kurz vor Sonnenuntergang auch noch einer der vier Lichttürme Richtung Meeresboden selbständig gemacht, nachdem das Halteseil gerissen war. P. H. klang nicht gut, als er von der *Ocean Voyager* auch noch diesen Verlust über Funk meldete.

George Tulloch, der wie alle anderen weiß, daß morgen die Passagierschiffe mit 2000 Menschen an Bord kommen, um die Bergung eines Rumpfteils der *Titanic* als Show zu erleben, bleibt nicht gerade cool, aber doch gefaßt:

„Aber es war das Halteseil, das gerissen ist?" fragt er P. H.

„Ja!"

„Na, da bin ich wenigstens zufrieden, daß es das Seil und nicht ein Fehler von uns war." Und er fügt hinzu: „So lernen wir wenigstens früh, was alles schiefgehen kann. Ich hoffe nur inständig, daß der Lichtturm nicht in das Wrack der *Titanic* gestürzt ist."

Später fand die *Nautile* den Tower gut 150 Meter vom Bug der *Titanic* entfernt. In gutem, wenn auch nicht in perfektem Zustand. Statt der fünf brennen nur noch vier Lichter.

keine Eigentümer sein, und wenn sie fünf Jahre lang abwesend sind, werden Sie schließlich die Nutzungsrechte verlieren. Und es sollte Ihnen, während sie die Nutzungsrechte haben, die Möglichkeit eingeräumt werden, andere Menschen davon abzuhalten, dort zu filmen."

Die Sehnsucht des George Tulloch

Der heutige Präsident der RMS Titanic, Inc., George Tulloch, war einst ein erfolgreicher BMW-Händler in Nordamerika. Irgendwann, zwischen Verträgen, Verkäufen und Ankäufen, muß sich in diesem Mann ein Bruch in seiner Arbeit vollzogen haben. Das, was er machte, wollte er nicht mehr. Er hatte schon alles erreicht. Er wollte etwas Neues beginnen, etwas anderes, etwas Ungewöhnliches: Er stieg bei RMS Titanic, Inc. ein und wurde schnell ihr Präsident.

Vielleicht kann man solche Brüche in Berufskarrieren als Folge der Selbsterkenntnis betrachten, daß ein Job, so „very well" er auch immer sein mag, nicht die ganze Erfüllung sein kann. Es gehört Courage dazu, mit seiner eigenen Realität zu brechen und sich einem Projekt zu widmen, das mehr als ein reiner Job ist. Viele werfen George Tulloch vor, daß seine berufliche Herkunft einen seriösen Umgang mit einem sensiblen Thema wie der *Titanic* ausschließt. Aber die wenigsten versuchen, Tullochs Oberfläche zu durchbrechen, um ihn auch als Mensch und Organisationstalent erkennen zu können.

Was gibt einem Menschen die Fähigkeit, an einem Projekt zu arbeiten, das in der ganzen Welt als Mythos angesehen wird? Er darf nicht Fachidiot sein, sondern muß eine hohe Sensibilität für Menschen und vor allem für die Synergien zwischen den Menschen mitbringen. Er muß Technik und Aufwand für eine Expedition „empfinden" können, um nicht in einer fanatischen wissenschaftlichen Sackgasse zu enden. Er muß – und davon gibt es weiß Gott wenig Menschen – Kraft für Visionen und positives Denken haben. Menschen, die diese Fähigkeiten in sich verbinden, sind mit dem, was sie in

Verschiedene Fundstücke: von einer Schlipsnadel und einer Brosche über ein Portemonnaie, einen Schlüssel und eine Sicherheitsnadel bis hin zu einer Uhrenkette und einem Medaillon mit einer gefaßten 2000 Jahre alten römischen Münze.

ihren klassischen Jobs finden, selten zufrieden. Und manchmal bieten sich ihnen zufällig Möglichkeiten, über die eigenen Grenzen hinaus nach neuen Horizonten zu streben.

Immer im Hintergrund

George Tulloch und die *Titanic* sind wie zwei Schicksalswege, die sich immer wieder auf dem Atlantik begegnen und danach fragen, welcher Weg für beide der richtige ist. Tulloch ist wie ein Schmetterling, der auf allen Schiffen zugleich ist und seinen Weg für alle geht. Tulloch hat diesen unbändigen amerikanischen Willen, Visionen auszuleben, um „der erste Mann auf dem Mond“ zu sein.

Was erwartet man von einem solchen Mann? Den ewigen Selbstdarsteller, der den Drang verspürt, immer im Mittelpunkt zu stehen und sein Porträt in der Presse ständig wiederzufinden? Einige Wochen vor meiner Reise zur Expedition traf ich George Tulloch im Hotel Marriott in New York: Wir saßen in einer kleinen Gruppe in der Hotel-Lounge und sprachen über den europäischen Ausstellungszyklus und die anstehende Expedition. George Tulloch saß auf dem Boden und führte, während wir diskutierten, ein Telefonat mit dem *Titanic*-Bestsellerautor John Eaton, einem seiner Weggefährten bei der Realisierung seines Traumes, die *Titanic* der Weltöffentlichkeit näherzubringen. Am Ende des Gesprächs fragte ich George Tulloch, ob es nicht möglich wäre, über ihn ein Buch zu schreiben. Er entgegnete barsch und direkt, daß er nicht das Werkzeug seiner selbst sei, sondern nur ein Werkzeug im Rahmen eines Teams darstelle. Die Diskussion über ein mögliches Buch war beendet.

Wie finanziert sich die Expedition?

George Tulloch versichert jedem, der es wissen will, daß er an den Bergungsrechten, die seine Gesellschaft an der *Titanic* hat, nichts verdienen will. Viele wollen dieser Zusicherung nicht glauben, weil sie sich nicht vorstellen können, daß ein einst erfolgreicher Autohändler nicht nur das Metier gewechselt hat, sondern auch die Usancen. Händler bleibe Händler, sagen sie und hämen, daß es statt der Automobile mit den typischen Nierchen im Kühlergrill nun Artefakte mit der typischen *Titanic*-Patina seien, die der einstige Händler sicherlich mal irgendwann und irgendwo gegen gutes Geld losschlagen wird. Übersehen wird gern, wie hoch die Kosten dieser Expedition zum Wrack der Titanic sind.

Allein der Liftbag, der jetzt irgendwo im Meer herumschwimmt, kostet 20000 Dollar, ein Lichtturm gut 250000 Dollar. Jeder Tauchgang zum Wrack etwa 50000 Dollar. Das sind vielleicht für den Sprecher der Deutschen Bank irgendwelche „Peanuts“, aber das Geld muß erst einmal zusammenkommen. Für die Expedition 1996 beispielsweise sind unter anderem drei Millionen Dollar von Discovery Channel gezahlt worden, die damit aber auch die Rechte an allen Unterwasseraufnahmen erhalten haben. 250000 Dollar sind von Bass Ale auf den Tisch gelegt worden unter der Bedingung, daß auch tatsächlich einige Flaschen dieses Bieres aus dem *Titanic*-Wrack geborgen werden – tatsächlich hat man neun Flaschen aufgespürt und nach oben gebracht. Geld hat auch der Verkauf der Kohlestückchen gebracht, die für 25 Dollar das Stück an Sammler, Liebhaber und *Titanic*-Begeisterte gingen. Die Menschen auf den Passagierschiffen, die den Bergungsarbeiten beiwohnen konnten, hatten bis zu 6700 Dollar für ihre Teilnahme an dieser Forschungsreise gezahlt – die Reisenden der 1.Klasse auf der *Titanic* hatten seinerzeit etwa 4350 Dollar zahlen müssen, was nach heutigem Wert knapp 90000 Dollar waren.

Mein zweites Erlebnis mit ihm hatte ich während des Abschlußfotos zur Expedition 1996. George Tulloch trommelte wie ein Wahnsinniger das gesamte Team zum Gruppenfoto auf der *Nadir* zusammen. Vor dem Forschungs-U-Boot *Nautile* stand die gesamte Expeditionsmannschaft, und ein Fotograf bereitete die Aufnahme vor. Ich hätte erwartet, daß George Tulloch sich als Expeditionsleiter vor die gesamte Mannschaft stellt. In dem Moment aber, als alle zusammen als Team präsent waren, verzog er sich in die letzte Reihe und blickte fast schon beschämt zur Seite.

George Tulloch ist die lebendige Kraft, um *Titanic*-Expeditionen und -Ausstellungen erfolgreich zu realisieren. Es wird sicher immer ein Geheimnis bleiben, was ihn bewegt, den Mythos *Titanic* weiterleben zu lassen. Er macht es.

Das Grab im Meer

Ist die *Titanic* und das Gebiet um das Wrack ein Grab? Ist es ein Sakrileg, diesen Ort aufzusuchen, an dem fast 1500 Menschen ihren Tod fanden? Ist es gar Grabschändung, Gegenstände aus dem Wrack der *Titanic* zu bergen?

Besonders in den USA und in Großbritannien gab es zu diesen Fragen hitzige Diskussionen in den Medien. Die RMS Titanic, Inc. mußte wegen ihrer vier Bergungsexpeditionen viel Kritik einstecken. Die Fragen selbst sind jedoch nicht neu.

Das Wrack der *Titanic* liegt in internationalen Gewässern, und noch existieren keine gemeinsamen Bestimmungen im Seerecht für alle Länder. Als die *Titanic* im Atlantik unterging, gehörte sie der White-Star-Line-Reederei. Nachdem Versicherungsgesellschaften, vor allem Lloyd's in London, der Reederei eine Entschädigung gezahlt hatten, gehörte das Wrack, rechtlich gesehen, Lloyd's. Dort sah man die *Titanic* jedoch als rettungslos verloren an und löschte sie aus den Büchern. Wie viele andere Wracks in den Meeren befand sich die *Titanic* in einer „rechtlosen“ Lage – sie gehörte allen und niemandem.

Vorwurf der Grabschändung

Der US-Amerikaner Dr. Robert Ballard, der 1985 bei der Entdeckung des Wracks der *Titanic* dabei war und 1986 zur *Titanic* zurückkehrte, hatte strenge Anweisungen von der US-Navy, die finanziell an den beiden Expeditionen beteiligt war, nichts am Wrack anzurühren.

Hahn für warmes Wasser aus einem Badezimmer der 1. Klasse.

Nach Abschluß der ersten Bergungs-Expedition im Jahre 1987 kamen die ersten bissigen Kommentare in der angelsächsischen Öffentlichkeit auf: Das Wrack der *Titanic* sei ein Grab, und es sei somit reine Schändung, Gegenstände aus gewinnbringenden Gründen zu bergen. Es gebe außerdem bereits ausreichendes Bildmaterial vom ursprünglichen Schiff, das Wrack der *Titanic* könne nichts Neues mehr lehren, und es sei deshalb auch aus marine-archäologischen Gesichtspunkten uninteressant.

Sollte die *Titanic* daher auf dem Meeresboden gelassen werden und langsam verwittern und verschwinden? Hat es einen Sinn, Gegenstände zu bergen, da die *Titanic* – wäre sie nie mit dem Eisberg kollidiert – heute so gut wie vergessen wäre?

Dagegen steht nicht nur, aber bedeutend genug, ein historisches Interesse: Denn aus der Ära der großen Passagierdampfer vor dem Ersten Weltkrieg existiert kaum noch etwas. Ein ganzes Zeitalter der Verkehrsgeschichte ist hinweggefegt, als ob es nie stattgefunden hätte. Ein zukünftiges Museum mit Gegenständen von der *Titanic* spiegelte nicht nur die Geschichte dieses Schiffes wider, sondern auch die Art des Reisens vor fast hundert Jahren. Das spricht für die Bergung von Teilen aus dem Schiff.

Wissenschaft und Neugier

Eine anderes Argument dafür: Konservatoren und Naturwissenschaftler haben ein großes Interesse an Gegenständen, die von der *Titanic* geborgen werden. Denn nichts aus unserem eigenen Jahrhundert ist bisher aus einer so tiefen Lage geborgen worden. Die *Titanic* ist nicht zuletzt wegen der in den letzten zehn Jahren geborgenen Artefakte zu einem großen Forschungslabor geworden mit Bedingungen – in der Umgebung des Wracks herrschen 400 Atmosphären Druck und Temperaturen um 0 Grad Celsius –, die in keinem Labor simuliert werden können. Die durch die Forschungsarbeit am Wrack der *Titanic* gewonnenen Erkenntnisse können von großem Nutzen sein für die Überwachung von Unterwasser-Pipelines, versenkten Fässern mit Giftmüll oder gesunkenen Atom-U-Booten.

Der Zustand der aus der *Titanic* geborgenen Gegenstände gibt nicht nur einen Einblick in die Einwirkung des Meeres während einer Zeit von über achtzig Jahren, sondern hat auch Konservierungsverfahren entstehen lassen, die ohne die *Titanic* wohl kaum entwickelt worden wären. Nicht alle Rätsel sind allerdings schon gelöst. So wurden aus dem Wrack eine Flöte aus Bronze und ein Topf aus Zinn geborgen, die geradezu neu aussahen. Einen ähnlichen Fund hatte man auch bei dem Wrack der *Batavia* gemacht. Dieses Schiff sank 1629 vor der Küste Australiens. Auch dort wurde eine unbekannte Bronzelegierung gefunden, die der Korrosion im Meereswasser widerstanden hat.

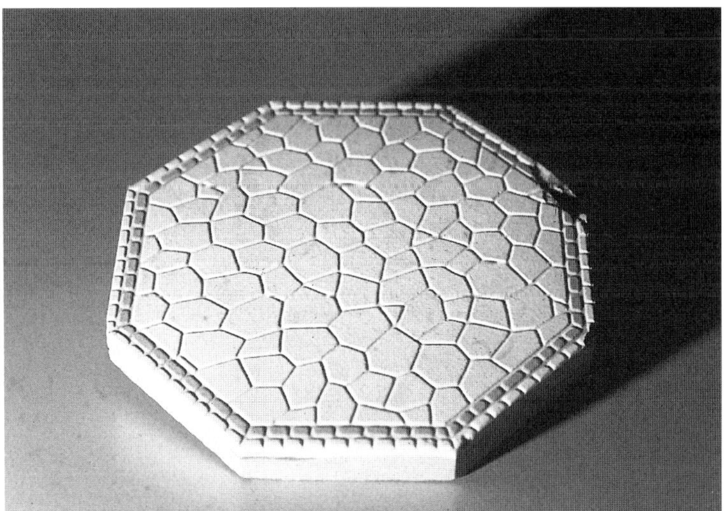

Bodenfliese aus der 1. Klasse.

NY

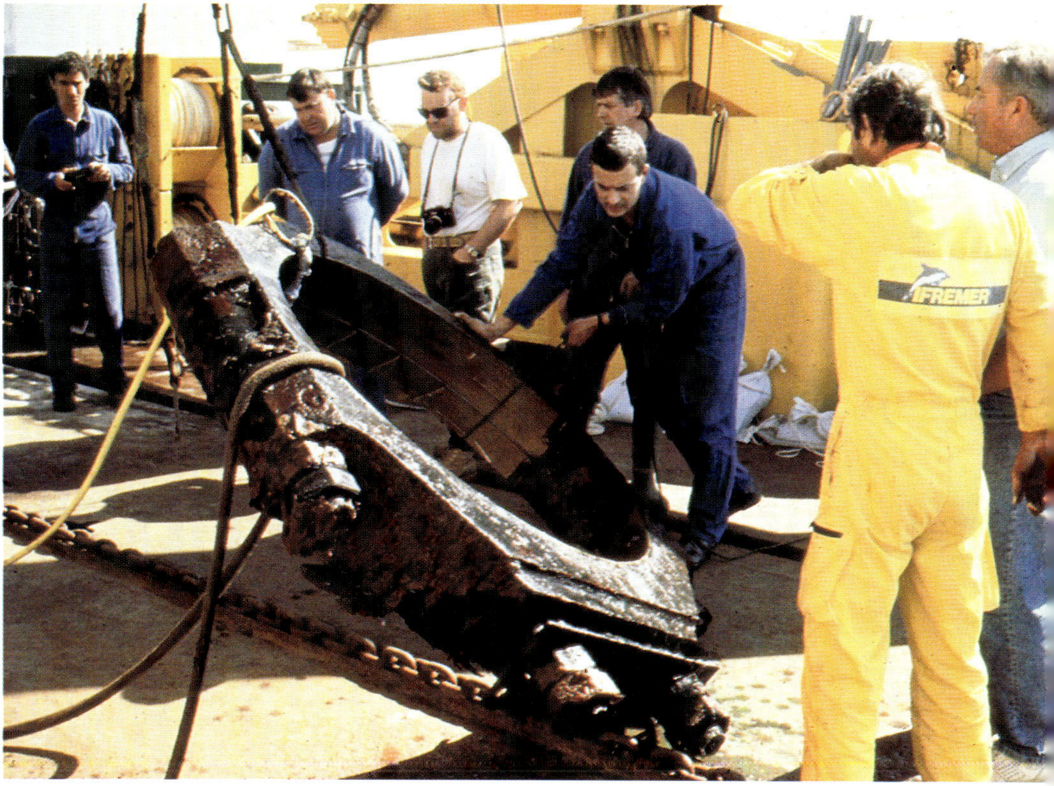

Neben den eher leichten Geschirrteilen, die mit der *Titanic* in die Tiefe gesunken waren, wurden auch schwere Gußteile geborgen. Diese große Muffe gehörte zu den Dampfmaschinen, die die *Titanic* in Fahrt brachten.

Links: Fund aus der Bordküche der *Titanic*: ein metallenes Abwaschbecken. Im Schlamm, mit dem das Becken gefüllt war, fanden sich unterschiedlich große Glasscherben als Hinweis auf die hier zuletzt abgespülten Gegenstände. Siehe auch Seite 135

Daneben beweisen die bisherigen Ausstellungen über den Ozeanriesen, daß die *Titanic* weiterhin eine nahezu magische Anziehungskraft hat. 1988 fand eine erste kleine Ausstellung mit wenigen Exponaten im Pariser Musée de la Marine statt. Die erste größere Ausstellung wurde am 9. März 1991 im Sjöhistoriska Museet (Seehistorisches Museum) in Stockholm eröffnet. Das Museum war dem Ansturm des Publikums kaum gewachsen. Bereits in den ersten vier Tagen besuchten über 10000 Menschen die Ausstellung. Während der folgenden sechs Wochen stieg die Besucherzahl auf über 65000 Menschen, eine Zahl, wie sie bis dato in diesem Museum noch nie erreicht worden war. Ob dieses großen Erfolgs wurden die Exponate noch in diversen weiteren Ausstellungen in Skandinavien gezeigt, bevor sie 1994/95 im Londoner National Maritime Museum in Greenwich ausgestellt wurden. Etwa 700000 Menschen besuchten die Ausstellung. Wenige waren entrüstet, einige waren enttäuscht, weil sie weniger zu sehen bekamen, als sie sich erhofft hatten. Eines wurde ganz deutlich: Die Welt will, über achtzig Jahre nach dem Untergang des Ozeanriesen, immer noch wissen, was geschah und warum es geschah: Ein Mythos soll Wahrheit werden.

„The experience of my lifetime"

Die Show für die 2000 Titanophilen auf den Passagierschiffen hat nicht geklappt. Das Rumpfteil, lange Zeit fest am Haken der *Killabuk*, ist bis kurz unter die Meeresoberfläche gehievt worden, aber dann rissen nacheinander alle vier Stränge aus Gründen, die nicht ganz klar sind. Lag es an der klemmenden Heckrolle auf dem bullenstarken Bergungsschiff? Hatte sich etwa der Ring, mit dem alle Liftbag-Leinen zusammengehalten werden sollten, geradezu aufgelöst?
Unrecht hatten zumindest all jene bekommen, die vor diesem Bergungsversuch prophezeit hatten, die Liftbags würden an dem zur Oberfläche hin immer wärmer werdenden Wasser scheitern, das eine andere Dichte hat, und die mit Dieselöl gefüllten Ballone unter Wasser in einen Schwebezustand bringen. Während das Expeditionsteam das Scheitern betrauerte, resümierte der 87jährige Marx Bowens an Bord der *Royal Majesty* eher lakonisch: „So they didn't get it. So what. It was still the experience of my lifetime."
Wahrscheinlich muß man so alt sein, um so gelassen zu reagieren. Ich beschließe auf der Stelle, mindestens 87 Jahre alt zu werden. Ich habe noch 55 Jahre Zeit, Gelassenheit zu üben. So what.

Die Forschung am Wrack

Die Forschung ist ein Bereich, der in der Öffentlichkeit während der *Titanic*-Expeditionen nicht so sehr im Brennpunkt des Interesses stand, obwohl sie gerade ein Schwerpunkt dieser Expedition war.

Die Artefakte sind ein Teil dieser Experimente: Sie gewähren Konservatoren einen Einblick, wie die Gegenstände in einer sehr großen Meerestiefe auf diese Bedingungen reagiert haben. Kaum ein Objekt war zuvor vom Meeresgrund aus fast vier Kilometer Tiefe geborgen worden. Deshalb sind die *Titanic*-Artefakte für den Bereich der Konservierung etwas völlig Neues.

Daneben wurden Studien über die verschiedenen Lebensformen in und um das Schiff herum gefertigt. Nur sehr wenig war bislang über das Leben in größeren Tiefen bekannt. Jegliches Tier und jegliche Pflanze sind hier von Interesse. Moluskeln wurden gefunden, Fische, Krabben und Flußkrebse, die auf der *Titanic* eine neue Heimat gefunden haben. All diese Lebensformen sind die neuen und wahren Bewohner des Schiffs. Dies gilt auch für die „Xylophagide muscle", ein holzfressender Organismus, der einen Großteil von dem, was einst an Bord gewesen war, gefressen hat. Die Planken an Deck sind ein Beispiel dafür. Was heute wie das Holzdeck aussieht, ist in Wirklichkeit nur seine Unterschicht; den Rest haben die „muscles" gefressen.

Man fand dann auch nur einige wenige Artefakte, die von Holzresten umgeben waren. In diesen Fällen hatte das betreffende Artefakt z. B. Kupfersalze von sich gegeben, die die Tiere und Mikroorganismen ferngehalten haben. Bei den meisten Artefakten fehlte jedoch jede Spur von organischen Materialien wie Holz oder Zellulose.

Alle müssen mitanfassen, alle Hände werden gebraucht: Ein über zwei Tonnen schwerer Poller vom Heck der *Titanic* wird an Bord gehievt.

Rechts: Vier Tonnen Kohle wurden aus dem Wrack der *Titanic* geborgen. Diese Menge hätte gerade gereicht, um das Schiff vier Minuten vorwärts dampfen zu lassen. 6000 Tonnen Kohle hatte die *Titanic* bei der Abfahrt gebunkert.

Die Kohlebrocken wogen zwischen zehn und zwanzig Kilogramm. Jedes geborgene Kohlestück wurde vermessen und gewogen und anschließend mit einem Bändchen und einem Kärtchen archiviert.

Rechts oben: George Tulloch (rechts) weiß und zeigt, wohin es geht. Er hat für die RMS Titanic Inc. die Bergungsrechte an der *Titanic* bekommen, nun will er dieses Recht im Rahmen seiner finanziellen Möglichkeiten auch nutzen. Jeder Schritt muß geplant sein.

Rechts unten: Das Modell des Heckteils der *Titanic* 3800 Meter über dem tatsächlichen Wrack. Deutlicher als unter Wasser sind die enormen Beschädigungen zu erkennen. Hier, im hinteren Teil des Schiffes, befand sich das Promenadendeck der 3. Klasse.

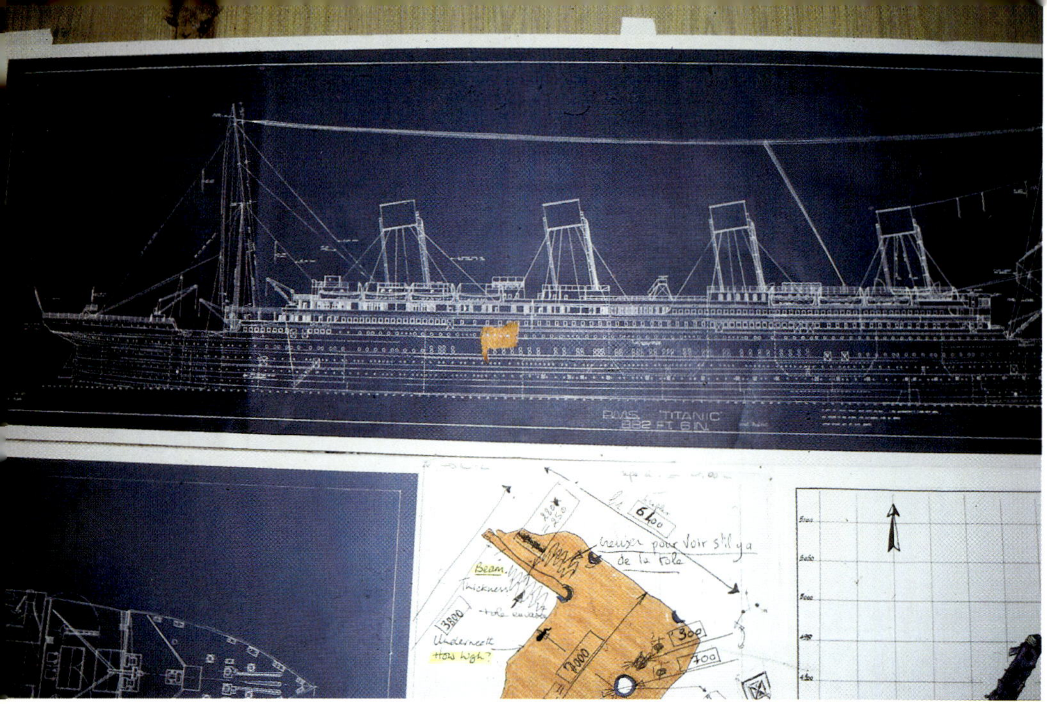

Die *Titanic* in der Seitenansicht mit jenem hellbraun gekennzeichneten Stück Bordwand, das während der *Titanic*-Expedition '96 geborgen werden sollte. Minutiös war die Bergung dieses Stücks der Bordwand, hinter dem sich Teile der 1. Klasse sowie der Küche für die 1. und 2. Klasse befanden, vorbereitet.

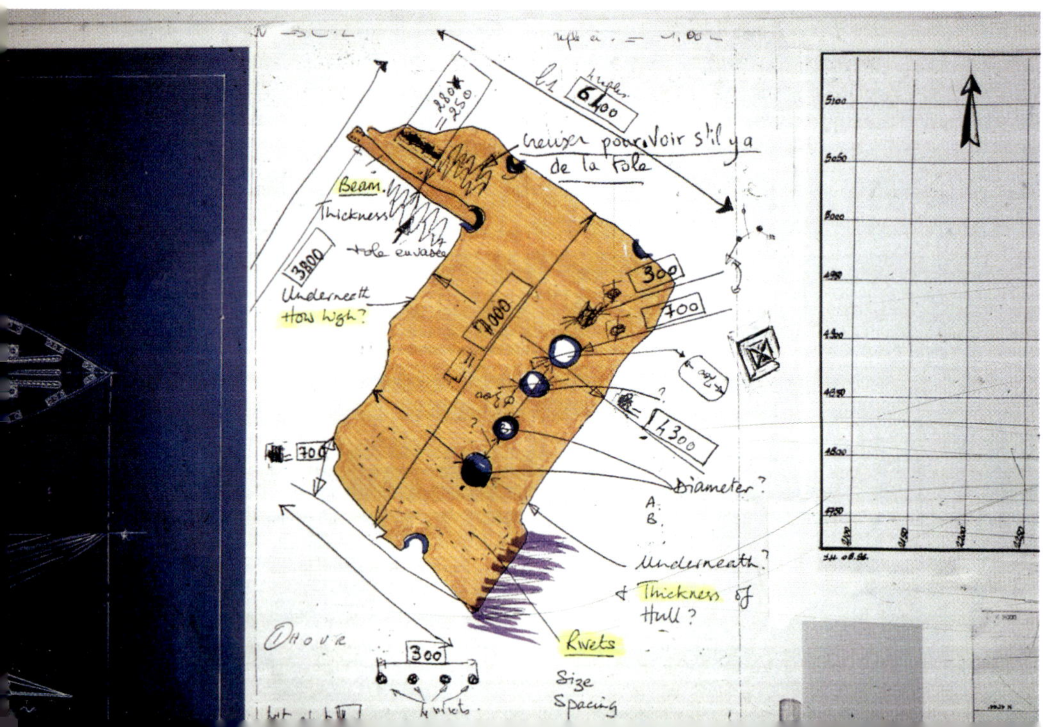

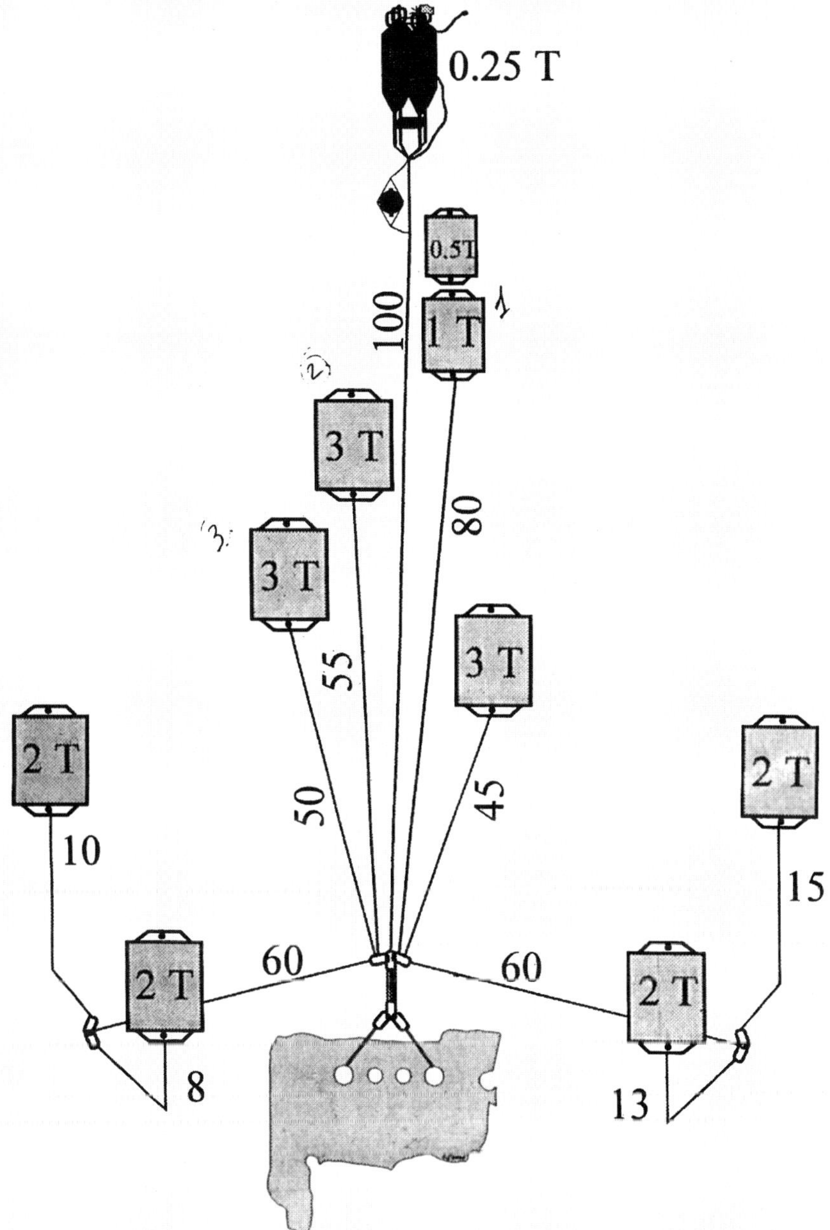

Schematische Darstellung der Bergung eines Stücks der Bordwand. Die Kraft der Liftbags und des an der Meeresoberfläche wartenden Schleppers *Killabuk* hätten allemal ausgereicht, das Teil zu heben und zu bergen. In der Praxis kam es allerdings anders.

Inmitten der Schiffe hätte das Stück der *Titanic*-Bordwand auftauchen sollen. Die Spannung auf allen Schiffen – dem Schlepper *Killabuk*, dem Passagierschiff *Royal Majesty*, der *Nadir* und der *Ocean Voyager* – war gewaltig. Die Enttäuschung nach dem Mißlingen der Bergung nicht minder.

Rechts oben: An Bord der *Island Breeze*, des zweiten Passagierschiffes, von dem die Bergungsexpeditionen der *Titanic*-Expedition '96 beobachtet werden konnte, war auch die 85jährige Milvina Dean, die Jüngste der Überlebenden. Ihr Vater kam beim Untergang der *Titanic* um, Mutter und Bruder wurden gerettet.

Rechts unten: Der 86jährige Michel Navratil – hier an Bord der *Island Breeze* mit einer Begleiterin – gehört auch zu den Überlebenden. Er war, zusammen mit seinem Bruder, vor der Überseereise vom gemeinsamen Vater entführt worden und unter falschem Namen an Bord der *Titanic* gegangen. Der Vater kam bei der Katastrophe um. Beide Kinder überlebten.

Wenn die Artefakte nicht unmittelbar behandelt werden, zerfallen und zerbröseln sie – so wie hier zu sehen ist – innerhalb kürzester Zeit.

Links: Stéphane Pennec, dem die konservatorische Behandlung der Artefakte obliegt, an einem der monströsen Poller.

Wrack ist stark angefressen

Andere Fundstücke aus anderen Materialien sind nicht minder interessant. Geborgene Ledertaschen etwa beinhalteten immer noch das seinerzeitige Gepäck der Reisenden. Eine Tasche, die im August 1996 geborgen wurde, enthielt persönliche Gegenstände wahrscheinlich eines männlichen Passagiers der 2. oder 3. Klasse wie Hosen, eine Weste, Socken, Hemden und andere Kleidungsstücke. Der Konservator Stéphane Pennec meinte, daß es gar möglich sein wird, die Farben der Stoffe wiederherzustellen.

Überall am Schiff hängen lange Rostpartikel herunter, als handelte es sich um Stalaktiten. Man hat den Eindruck, das Schiff blute aus. Tatsächlich sind es Tiere, von denen die *Titanic* aufgefressen wird. Zur Expedition gehörte deshalb auch der Biologe Dr. Roy Cullimore von Droycon Bioconcepts Inc. Seine Aufgabe bestand darin, diese Bakterienkulturen zu untersuchen.

Mit becherartigen Gefäßen, die ein in Gaze verpacktes Glasrohr, ein kleines Stück Farb-Dia-Film und einen Spritzer mikrobischen Lockmittels enthielten, wurden diese Bakterien angelockt, um gefilmt zu werden. Zwei Wochen machten die Piloten der *Nautile* von dem Geschehen an und in den Bechern Filmaufnahmen. Die Erwartung Cullimores, daß die Bakterien den Weg in den Becher finden und beginnen werden, die Protein-Emulsion auf dem Film zu konsumieren, bestätigte sich. Belegt war damit, was man schon vermutet hatte: Die Rostpartikel setzen sich aus Bakterien, einem „ganzen Konsortium" gar, wie Cullimore sagte, zusammen. Spätere Laborstudien werden zeigen, um welche Arten es sich handelt und wie aggressiv sie sind. Cullimore hofft dann eine Prognose darüber abgeben zu können, wie lange die *Titanic* dem Angriff der Mikroben noch wird standhalten können.

Denn daß die scheinbaren Rostpartikel an der *Titanic* das Werk von Bakterien sind, ist anerkannt. Jedoch weiß niemand, wie schnell sich der Zustand der *Titanic* verschlechtert, mit welcher Geschwindigkeit diese metallfressenden Bakterien das Wrack vernichten werden. Diese Bakterien können mit Termiten verglichen werden, die langsam, aber stetig ein ganzes Haus zerstören können. Am Anfang ist kaum etwas zu erkennen. Aber wenn es eines Tages zusammenbricht, fragt man sich stets, wann die Zerstörung begonnen haben kann. Mit der *Titanic* geschieht gleiches. Niemand kann mit Sicherheit sagen, wann sie zusammenbrechen wird – die Schätzungen liegen zwischen zwölf und 75 Jahren –, gewiß aber ist heute schon, daß es geschehen wird. Der Prozeß ist logarithmisch: Ein langes, langsames Vorgehen zu Beginn und dann plötzlich eine sehr schnelle, fast unerwartete Verschlechterung, die mit dem Zerfall der *Titanic* in einen Haufen Schlamm und Schmutz enden wird.

Bruchanfälliger britischer Stahl

Ein anderer Wissenschaftler, der an der Expedition 1996 teilnahm, war Dr. David Livingstone von der Werft Harland & Wolff, die einst die *Titanic* erbaut hatte. Der seinerzeitige Schiffsarchitekt, Thomas Andrews, der an der Jungfernfahrt der *Titanic* teilgenommen hatte und umgekommen war, hatte unmittelbar nach der Kollision erkannt, daß das Schiff untergehen würde (siehe den überlieferten Dialog auf S. 72). Seitdem hatte kein Vertreter dieser Werft jemals versucht, das Wrack des Schiffs zu begutachten.

Näpfchen aus Steinzeug mit Muschelstruktur im Innern.

Livingstone hatte einen Schatz in seinem Gepäck, der bislang nie zur Anschauung freigegeben worden war: die originalen Ingenieurszeichnungen der *Titanic*. Als Schiffsarchitekt bestand seine Aufgabe darin, bis ins Detail zu erforschen, wie die *Titanic* sank, was an der Oberfläche, was auf den ersten hundert Metern unter der Meeresoberfläche geschah, wie erst der Bug und dann das Heck untergingen und wie das Material auf den enormen Druck auf den Rumpf reagierte, als das Schiff unterging.

Ähnliche Interessen hatte auch William Garzke, der als Schiffsarchitekt und Sachverständiger arbeitet und sich besonders den Beanspruchungen des Stahls widmete. Der Stahl, den man in Großbritannien um die Jahrhundertwende verwendete, hatte einen deutlich höheren Anteil an Schwefel als heute mit der Folge, daß die Metallstruktur unregelmäßig und bruchanfällig war. Schwedische Zeitungen hatten zwar seinerzeit behauptet, daß die *Titanic* aus schwedischem Stahl gebaut worden sei, der schon 1912 weniger zerbrechlich als der britische war, aber das war und ist bislang nur eine Behauptung. Die

Der Koffer eines Toten wird geöffnet

Im Labor von LP3 an Bord der *Ocean Voyager*: Grelle Spots auf Stéphane Pennec und seine Mitarbeiterin Martine Plantec. Der gesamte Raum ist taghell erleuchtet. Das Filmproduktionsteam von Discovery Channel – Kameramann Marc, Produzent Gary und Tontechniker Saul – wartet gespannt darauf, daß die beiden Restauratoren einen braunen Lederkoffer öffnen, der vom Tiefsee-U-Boot *Nautile* aus dem Wrack der *Titanic* geborgen wurde.

Claes und ich stehen im Hintergrund und versuchen mit unseren Fotoapparaten das gutgesetzte Licht auf die Artefakte auszunutzen. Ich erwische mich bei dem gleichen Gefühl, das mich in der New Yorker Bar befiel: Es ist dieser Kamera- und Fotovoyeurismus. Wir warten hier nicht auf Godot, sondern auf den Thrill, der aus dem Koffer kommt. Stéphane wirkt konzentriert und etwas abgenervt unter dem hellen Licht. Doch die Stimmung im Raum ist fast schon feierlich. Wahrscheinlich haben wir alle das gleiche Gefühl: Hier wird jetzt ein Teil eines Lebens, eine persönliche Habe eines Menschen, der vor 84 Jahren mit dem Schiff unterging, öffentlich gemacht. Und wir schauen zu. Neugierig, ungeduldig und nachdenklich zugleich. Ein zusammengelegtes Hemd kommt zum Vorschein.

Frage, vor der die Forschung steht – ob der Stahl der Titanic von einem dehnbaren in einen zerbrechlichen Zustand übergegangen ist – läßt keine schnelle Antwort erwarten. „Das Schiff“, sagt William Garzke, „sank rücksichtslos. Das einzige, was David und ich zu tun versuchen, besteht darin, für die Historiker festzuhalten, was zwischen Oberfläche und Boden geschehen ist – und selbst das scheint ziemlich unbestimmbar zu sein.“

Der Erhalt der Artefakte

Ein Artefakt, das vom Meeresboden geborgen wird, muß sofort konserviert werden, denn Luft und Licht können dem Fundstück, das jahrzehntelang unter konstanten Bedingungen gelagert hatte, in kürzester Zeit arg zusetzen. Wenn nicht sofort Schutzmaßnahmen ergriffen werden, besteht das Risiko, daß dieses Artefakt mit der Zeit zerstört wird. Aber die Konservierung selbst ist ein langwieriger Prozeß.

Das Kriegsschiff *Vasa* beispielsweise war zum Zeitpunkt seiner Bergung im Stockholmer Hafen das größte Artefakt seiner Zeit, das jemals in der Welt gehoben wurde. Drei Jahre lang dauerte die Bergung. Jedoch kamen noch einmal 17 weitere Jahre für die Konservierung hinzu. Ohne diese Arbeit wäre das Schiff längst unbrauchbar. Deshalb kommt der konservatorischen Arbeit eine äußerst wichtige Bedeutung bei den *Titanic*-Artefakten zu.

An der Stelle, an der die *Titanic* auf dem Meeresgrund liegt, existiert kein Licht und nur wenig Sauerstoff. Die Temperaturen sind sehr niedrig – um die +1° Celsius –, und der Verfall verzögert sich dadurch deutlich. Jedoch sind auch viele dieser Objekte von Chloridionen des Meersalzes in Mitleidenschaft gezogen worden.

Die am besten erhaltenen Gegenstände sind die wenigen Diamanten und das wenige Gold, das gefunden wurde. Nur wenige Gegenstände dieser Art trugen die Passagiere bei sich, und es gab auch nur wenig wertvolle Gegenstände in den Tresoren des Schiffes und auch sonst nicht viel, was als solche Kostbarkeit bezeichnet werden kann. Die Diamanten müssen nur sorgfältig gereinigt werden, eine Konservierung benötigen sie nicht.

Spezialisten für alle Fragen

Die verschiedenen Arten von Artefakten müssen unterschiedlich konserviert werden und auch unter unterschiedlichen Konditionen ausgestellt werden. Es gibt Navigationsinstrumente, Maschinentelegraphen, Haarbürsten, Schuhe, Visitenkarten, Uhren, Porzellan, Kristallkaraffen, Flaschen, Silberteller, Glas und noch eine große Anzahl weiterer Objekte. Jedes einzelne Objekt bedarf einer speziellen Behandlung. Kein Konservator kann alles. Deshalb braucht jedes Labor, das sich auf den Erhalt solcher Artefakte einläßt, eine Vielzahl von Spezialisten.

Um die ersten Artefakte, die im Jahre 1987 gehoben wurden, kümmerte sich die französische Elektrizitätsgesellschaft EDF, Electricité de France. Sie hatte sich schon früh auf die Konservierung von Artefakten spezialisiert und dazu zwei einander ähnliche Methoden entwickelt: die Elektrolyse für metallische Gegenstände, die Elektrophorese für einige Keramiken und organische Materialien. Vereinfacht gesagt, ist es die Reinigung durch Elektrizität. Bei beiden Verfahren wandern die Salzionen in einem elektrischen Feld und werden so aus dem Gegenstand herausgezogen. Empfindlichere Materialien wie Textilien oder Papier werden mit Lösungen von Komplexbildnern behandelt. Damit werden die Rostablagerungen erst aufgelöst und dann ausgewaschen. Diese Reinigungsmethoden mit Elektrizität waren erstmals erprobt worden an in Salzwasser gelagerten Kanonenkugeln aus den napoleonischen Kriegen. Ohne jegliche Behandlung hätten diese Kugeln zuerst einmal intakt ausgesehen, aber innerhalb von ein paar Monaten hätte der fortschreitende Verfall das Eisen gebrochen, und die Objekte wären in kleine dahinrostende Stücke zerfallen. Deswegen mußte nicht nur die chemische Reaktion gestoppt, sondern das Objekt in ein stabiles Umfeld gebracht werden.

Mit der Elektrolyse und der Elektrophorese gelingt es, die Chloridionen herauszudrängen. Das ist ein langwieriger Prozeß. In Anbetracht der vielen, auch unterschiedlichen Objekte, die bereits von der *Titanic* geborgen worden sind – heute bereits mehr als 4000 –, muß die Elektrolyse in Verbindung mit weiteren Konservierungsmethoden eingesetzt werden.

Da die EDF nur einen begrenzten Zeitvertrag hatte, wurde die

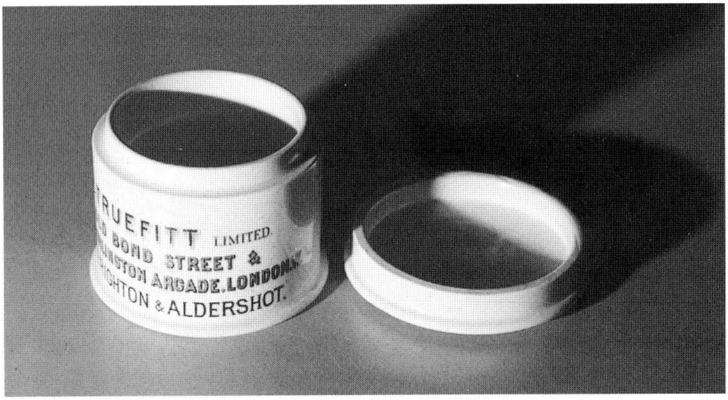

Salbentöpfchen eines Herstellers aus der Old Bond Street in London.

weitere Konservierung der Artefakte dem französischen Konservierungslabor von LP3 ganz übergeben.

Eine Zeitung wird wieder lesbar

Einer der Gründer und Direktoren dieser Firma ist Stéphane Pennec. Heute ist er der Konservator, der am meisten über die zu erhaltenden Objekte weiß. Seit über acht Jahren arbeitet er an diesen Gegenständen, anfangs noch in Zusammenarbeit mit EDF, heute in seiner eigenen Firma. Wie viele andere, die mit der *Titanic* zu tun haben, ist auch er persönlich sehr von dieser Arbeit berührt:

„Im ganzen Projekt habe ich eine Art von besonderer Verantwortung für diese Objekte und bin die einzige Person, die sie so gut kennt. Das gibt mir einen Grund, das Ganze aus einem sehr persönlichen Blickwinkel zu betrachten. Weiterhin war ich sehr überrascht und motiviert von all den Papieren und persönlichen Gegenständen, die vom Wrack geborgen wurden.

Wenn man einer Person so nahe kommt, indem man einen Koffer auspackt und sieht, was sie mit an Bord gebracht hat, ruft das in einem selbst besondere Gefühle hervor. Ich will damit sagen, jemandem so nahe zu kommen, ohne jemals die Möglichkeit zu haben, sie oder ihn zu treffen – da fühle ich mich schon sonderbar dabei."

In einer der geborgenen Taschen wurde eine Zeitung gefunden,

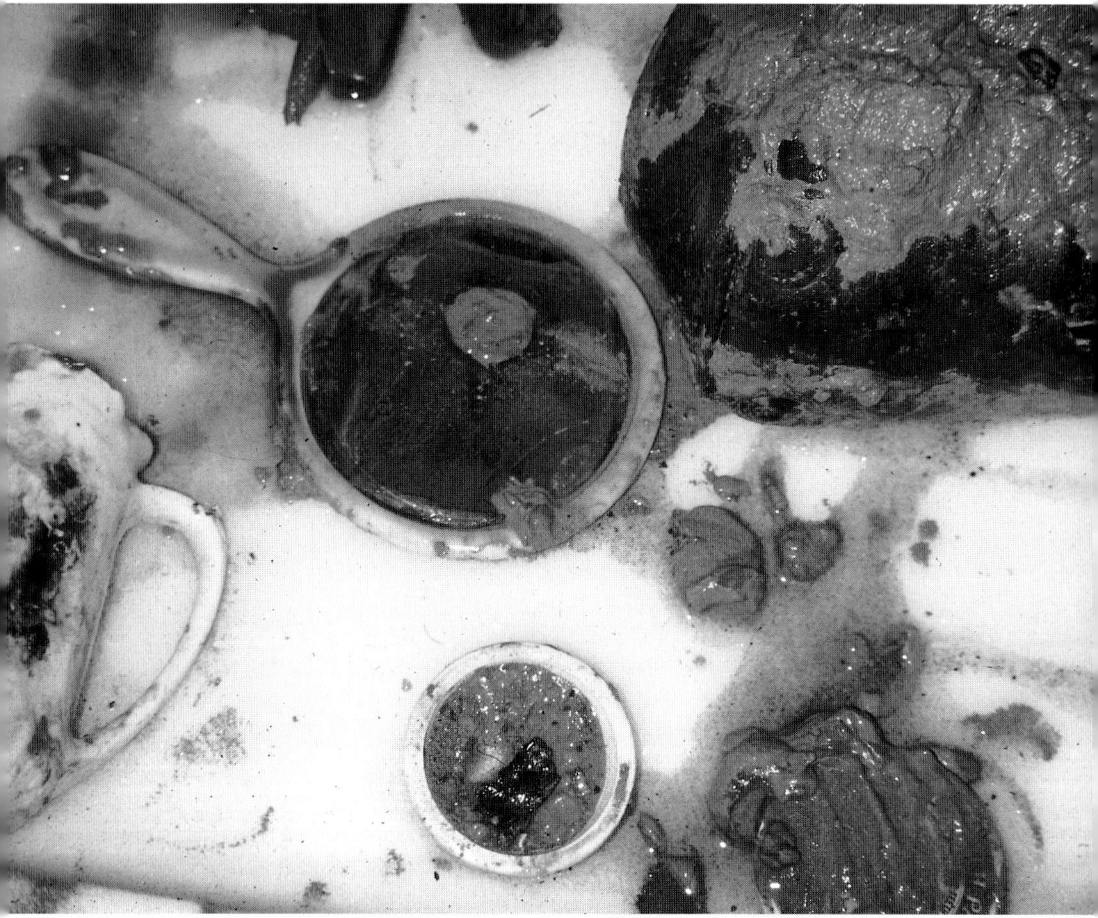

Geborgen aus dem Schlamm des Meeresgrundes: eine Arzttasche, ein Spiegel, eine Porzellandose.

Das Abwaschbecken – siehe auch Seite 114 – in gereinigtem Zustand zusammen mit einem Kranhaken vom Heckteil der *Titanic.*

die sich nach näherer Betrachtung als eine Tageszeitung aus Southampton herausstellte. Vier Konservatoren arbeiteten fast eine Woche lang daran, die Zeitung auseinanderzufalten, bevor die eigentliche Konservierung stattfinden konnte. Es war eine extrem zeitaufwendige Arbeit, da man mit größtmöglicher Sorgfalt vorgehen mußte. Millimeter für Millimeter wurde das Papier gereinigt, und obwohl es einige Risse gab und auch fehlende Teile, war das Endergebnis sehr beeindruckend. Jetzt kann man die Zeitung sogar lesen. Doch als sie zum Beispiel in Stockholm 1991 ausgestellt wurde, beklagten sich Besucher der Ausstellung, daß kaum etwas zu erkennen sei. Dies lag daran, daß nur sehr wenig Licht auf das Papier fallen darf, wenn es ausgestellt wird. Die Konservatoren hatten gefordert, daß kein direktes Licht auf das Papier fallen dürfe. Aus diesem Grund mußte die Ausstellungsvitrine in einem Teil des Gebäudes aufgestellt werden, wo es kein Tageslicht gab.

Mit großer Sorgfalt wird die Konservierung von diversen Arten von Papier sowie Rechnungen, Visitenkarten, Kofferetiketten und Briefen durchgeführt. Das unglaubliche Ergebnis dieser delikaten Arbeit ist, daß man heute diese Briefe lesen kann und einige der Dollarscheine wie neu aussehen.

Es gibt unterschiedliche Meinungen darüber, ob die Gegenstände in ihren ursprünglichen Zustand gebracht oder ob sie nur gesäubert in ihrem Zustand belassen werden sollten unter der Voraussetzung, daß der Verfall gestoppt ist und das Objekt ausgestellt werden kann. Sollte es Spuren der Katastrophe widerspiegeln, oder sollte es soweit erhalten werden, daß es in den ursprünglichen Zustand vor dem Untergang des Schiffes zurückgeführt wird?

Konservierung dauert Jahre

Einige dieser Artefakte, wie silberne Gefäße und Teller, wurden in der Tat so behandelt, daß sie heute wie neu aussehen. Andere wiederum zeigen deutliche Spuren der Bedingungen, denen sie durch den Untergang und den endgültigen Sturz auf den Meeresboden ausgesetzt waren.

Bei der Expedition 1996 wurde ein Koffer heraufgeholt. Er hatte

Seifenschale mit Goldrand aus der 1. Klasse.

einem Mann gehört, wahrscheinlich einem Reisenden aus der 2. oder 3. Klasse. Stéphane Pennec öffnete den Koffer auf dem Schiff und äußerte sich zur weiteren Arbeit an diesem Fundstück:

„Ja, wir werden den Inhalt behandeln, andererseits wird der Erhalt des Koffers auch einige Zeit beanspruchen. Wenn man alles gut trocknet und sogar sorgfältig säubert, wird das Leder schrumpfen, da das Material selbst vom Wasser sehr angegriffen ist. Die Fasern sind nicht so stark, wie sie einmal waren, Wasser nimmt jetzt diesen Raum ein, aber wenn man das Wasser nur entfernte, würde das Leder einlaufen. Wir haben im Jahre 1993 mit Leder gearbeitet, gab es doch damals sehr viel davon, und wir entschieden uns, eine Art Polyglykol-Imprägnierung vorzunehmen. Das Polyglykol tritt an die Stelle des Wassers. Den Rest des Wassers entfernten wir dann durch Gefriertrocknung des Materials."

Der Inhalt des Koffers, Textilien, erfordert ein anderes Verfahren: „Der Koffer war voller Kleider: drei Hemden, zwei Jacken und andere Dinge. Für die Behandlung der Kleider braucht man im Durchschnitt etwa zwei Wochen pro Hemd. Also wenn man drei Hemden, vier Jacken, zwei Westen bekommt, so wird man zwischen drei und vier Monaten für einen Koffer benötigen."

Insgesamt wurden über 4000 Objekte gehoben, was bedeutet, daß die Konservierung noch viele Jahre andauern wird. Hinzu kommt, daß viele Artefakte, die ausgestellt wurden, kontrolliert, manchmal wieder gesäubert und untersucht werden müssen.

Der Wasserboiler aus der Küche der *Titanic* – gerade erst von der *Nautile* geborgen (siehe Seite 75) – liegt in einem Reinigungsbad zusammen mit einer stark verformten Signalpfeife der *Titanic*.

Ein Bullauge im noch rohen, ungereinigten Zustand mit der für die *Titanic* so typischen, integrierten Belüftungsklappe.

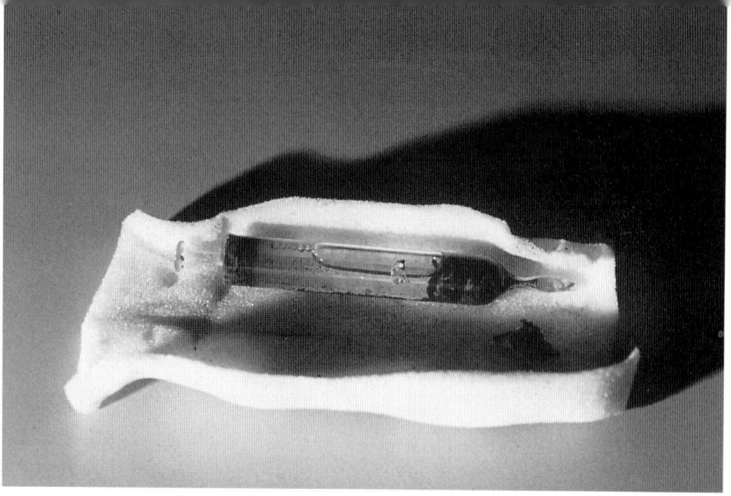

Spritze samt Inhalt.

Zur Frage der „Grabräuberei“ hat Stéphane Pennec eine klare Antwort: „In erster Linie bin ich Archäologe. Ich bin daran gewöhnt, Gräber auszurauben. Es beeinflußt weder meine Ethik noch mein Gemüt. Aber ich glaube, wenn man über Grabräuberei spricht, so bedeutet dies, etwas ohne Respekt und Gewissen zu entwenden. Aber das ist bei dieser Expedition nicht der Fall, da jeder, der daran teilnimmt, sehr respektvoll mit der Geschichte des *Titanic*-Unglücks umgeht. Zudem besteht das einzige Ziel, das hier verfolgt wird, darin, der Öffentlichkeit einen Einblick zu gewähren in das, was mit der *Titanic*, was während dieser dramatischen Situation geschehen ist.“

Die Bilanz der Expedition 1996

Die Expedition von 1996, die achte überhaupt, unterschied sich von den vorherigen, die in den Jahren 1985, 1986, 1991 und 1995 stattfanden und mehr oder weniger fotografische Forschungsreisen waren, auf vielfältige Weise.

Noch nie zuvor war die Öffentlichkeit so interessiert an einer *Titanic*-Expedition, noch nie zuvor waren so viele Schiffe, Expeditionsteilnehmer und vor allem auch Zuschauer beteiligt. Einige Tage lang hielten sich im Gebiet des *Titanic*-Wracks nicht weniger als fünf Schiffe auf, darunter auch Passagierschiffe. Eines der ersten Passagierschiffe, das zur Wrackstelle kam, hatte an Bord die Gewinner eines Wettbewerbs, den der Bierproduzent Bass Ale ausgeschrieben hatte. Die Gewinner wurden zur Wrackstelle gebracht, während die *Nautile* erfolgreich einige Flaschen des Bass Ales barg, jenes Bieres, das auf der *Titanic* konsumiert worden war und von dem sie bei der Abfahrt 12000 volle Flaschen an Bord hatte.

Wichtige wissenschaftliche Begleitung

Weniger spektakulär und den Blicken der Neugierigen auf den Personenschiffen auch ziemlich entzogen war die Anwesenheit etlicher Wissenschaftler. Ihre Anwesenheit ist Beleg für die Ernsthaftigkeit dieser Expedition, deren Ergebnisse nicht nur in die wissenschaftliche Literatur einfließen, sondern auch zumindest Teilantworten auf die für alle künftigen Expeditionen entscheidende Frage geben werden, in

Fast alles ist Handarbeit im Verlaufe der konservatorischen Arbeit an den Artefakten.

Rechts: Mit einem Skalpell werden die Schmutzschichten von einer Kanne entfernt.

Einfache Gummi-Pipette für Spülungen.

welchem Zustand das Wrack ist und wie lange es noch seine jetzige Gestalt wird beibehalten können. Denn eine Prognose über die noch zu erwartende Lebensdauer des Wracks ist nicht nur wesentliche Voraussetzung für die Beantwortung der Frage, wie lange die Bergungsexpeditionen noch weiter durchgeführt werden können, sondern auch, welche Arbeiten überhaupt noch möglich sind, ob beispielsweise die Sicherheit für einen Kameraroboter gewährt werden kann, mit dem man künftig ins Schiff einzudringen gedenkt. Angesichts der gewaltigen Kosten ist es von großer Bedeutung, schon in der Planungsphase mit der größtmöglichen Sorgfalt vorzugehen und die Risiken und Erfolgsaussichten auf der Basis wissenschaftlicher Erkenntnisse abzuwägen.

Wie selbst aus dem Scheitern eines Vorhabens Gewinn und Erkenntnis gezogen werden kann, zeigt der letztlich doch mißglückte Versuch, ein 15 Tonnen schweres Rumpfteil aus einer Tiefe zu bergen, die bislang als eine unüberwindbare Barriere galt. Denn wenn in der Vergangenheit Bergungsarbeiten vorgenommen wurden, handelte es sich zumeist um Schiffe, die sich an oder nahe der Oberfläche des Meeres befanden. Die *Titanic* ist ein absoluter Sonderfall, der nicht nur besondere, sondern vor allem andere und neuartige Anstrengungen erfordert. So ist es nur natürlich, daß IFREMER die *Titanic* als ein Testgebiet nutzt, um mehr über bisher unerprobte Arbeitsmethoden zu lernen und um neue Techniken zu entwickeln.

Roboter werden kommen

Das ROV, das Remote Operated Vehicle *Robin* wird in einigen Jahren von AOVs, Autonomous Operated Vehicles, ersetzt. Einige Jahre später könnte es Roboter geben, die sogar ohne „Haltestricke" arbeiten, sondern von der Oberfläche oder von einem U-Boot geführt werden. Der entsprechenden Entwicklung hat die Expedition im Sommer 1996 wertvolle Anregungen gegeben.

Auch wenn 1996 nicht so viele Objekte geborgen wurden wie etwa während jener Bergungsexpeditionen in den Jahren 1987 und

Eine Gedenkfahrt zur eigenen Geschichte

Gegen 7:00 Uhr morgens laufen wir auf dem Passagierschiff *Island Breeze* in den Hafen von New York ein. Der Unglücksort der *Titanic* liegt weit hinter uns. Vorbei am Kreuzfahrtschiff *Queen Mary* finden wir den Weg zu unserer Anlegestelle.

Immer wieder imponiert die Skyline dieser Stadt, wie sie im Zeichen der Neuen Welt, in ihrer Größe und wunderbaren Silhouette Menschen aus unterschiedlichen Gründen empfangen hat. Viele Emigranten, die über Ellis Island den Weg in eine unbekannte Zukunft nahmen, mußten New York als erstes unverkennbares Zeichen eines Neuanfangs verstanden haben: Die Freiheitsstatue, majestätisch emporragend, begrüßte jeden Menschen auf seinem Weg nach Amerika. Den meisten Passagieren der *Titanic* blieb dieser Weg für immer verschlossen. Ihre Hoffnung, New York am Ende der Jungfernfahrt begrüßen zu dürfen, wurde nicht erfüllt.

84 Jahre später kommen wir mit der *Island Breeze* an einem nebligen Morgen in New York an. Die Zeiten der großen Luxus- und Emigrantenschiffe sind längst vorüber, und nur die Erinnerung über den Untergang der *Titanic* läßt einen Teil dieser Geschichte vergangener Tage wieder ein bißchen lebendig werden.

Viele amerikanische Passagiere an Bord der *Island Breeze* erzählen mir die Geschichte ihrer Vorfahren, wie sie den Weg in die Neue Welt durch das Schiff fanden. Der Untergang der *Titanic* war und ist auch heute noch ein Bruch in der Geschichte der Emigration, und einige Menschen, die ich auf den Schiffen sprach, sahen die Fahrt zur *Titanic* als eine Gedenkfahrt zu ihrer eigenen Geschichte an.

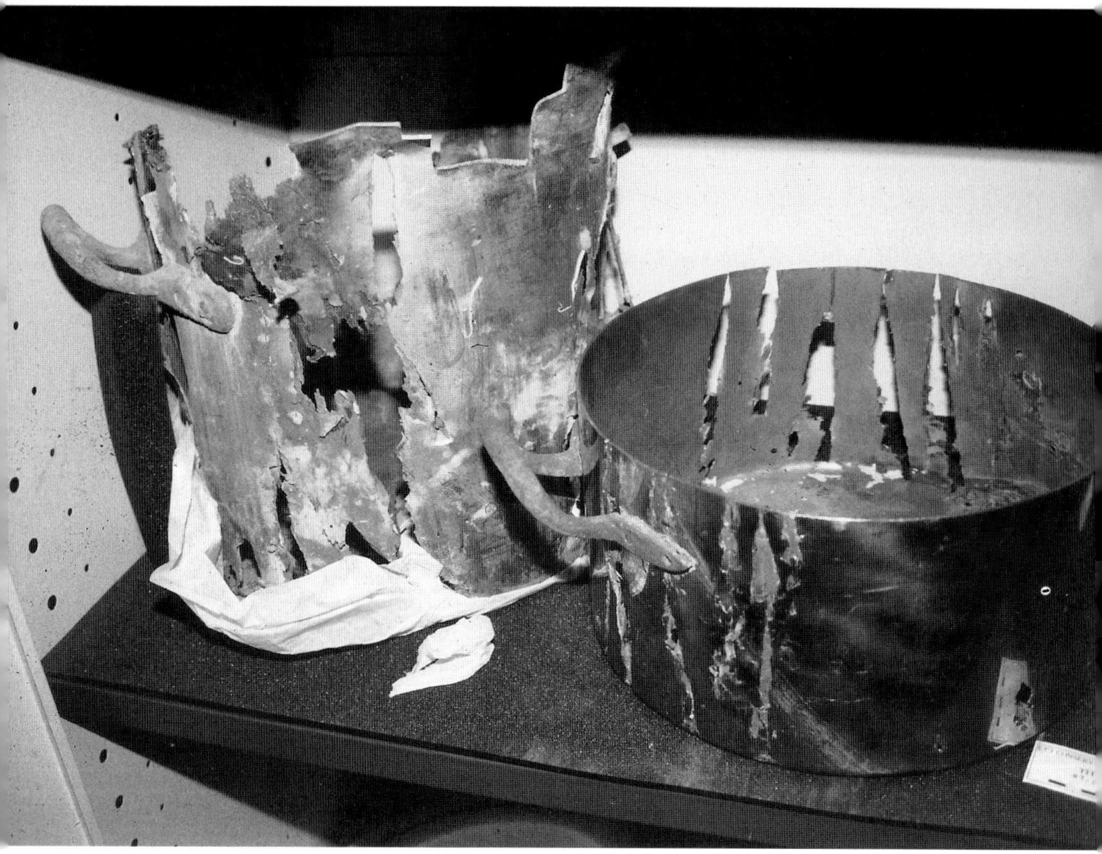

Gefäße aus der *Titanic*-Küche: An dem unterschiedlichen Zerfallszustand ist gut erkennbar, wie verschieden die Metalle während der jahrzehntelangen Lagerung auf dem Meeresgrund auf das Salzwasser und den hohen Druck reagiert haben.

Rechts: Briefe, Flaschen, Spiegel, Dosen – alles wird unter das Mikroskop gelegt und in vielfacher Vergrößerung begutachtet.

1994, so hatten die geborgenen Fundstücke doch eine außerordentliche Qualität: sei es der Maschinentelegraf, sei es das große Bullauge, oder sei es der Koffer mit den nahezu noch intakten Kleidern.

Insgesamt war der Expedition von 1996 ein so großer Erfolg beschieden, daß sie für künftige Expeditionen Zeichen setzte. Die nächste Expedition wird als ein Ziel sicher die Bergung des verlorenen Stückes der Bordwand haben, da sie als ein Hauptstück in zukünftigen Ausstellungen über die *Titanic* vorgesehen ist, mit denen erinnert werden soll nicht nur an die Zeit der großen luxuriösen Ozeanliner, sondern auch an die Geschichte der Emigration aus Europa zu Beginn dieses Jahrhunderts. Mehr noch: Diese Ausstellungen werden auch gemahnen an die Verletzbarkeit des Menschen gegenüber der Natur, und sie werden lehren, mit der Natur bescheidener umzugehen, als es in der Vergangenheit geschehen ist.

Die Zukunft der Meeresforschung

Der Mensch ist wißbegierig und neugierig. Das macht ihn überlegen. Dennoch hatte er lange Respekt vor den Wassern und den Meeren. Die Weite – was ist hinter dem Horizont? – und die schier unbestimmbare Tiefe beschränkten den Forscherdrang gegenüber dem blauen Kontinent. Alexander der Große ließ sich, so zeigt es eine alte Darstellung, immerhin schon in einer Glasglocke in die Tiefe hinab, um die Schrecken und die Wunder des Meeres zu erkunden. Er überlebte.

Die Erforschung der Meere beschränkte sich lange auf die Oberfläche, um die Seefahrt auf den immer kühner angelegten Seerouten sicherer zu machen. Navigation und das Erstellen genauer Karten standen im Mittelpunkt. Die Tiefe wurde von den Lotgasten ausgesungen, stieß das Lotblei auf keinen Widerstand, war auch keine Gefahr im Verzug – das Meer war anfangs nur Transportweg.

Die Fischerei war schon eher an der Tiefe interessiert. Hier wurde vor allem das Schelfmeer bis zu einer Tiefe von 200 Metern genutzt. Die Schelfmeere als Rekordhalter in der Produktion von Biomasse waren daher auch zuerst der Hauptgegenstand des Interesses. Hier kann Nahrung geerntet werden. Hier war es zu späteren Zeiten möglich, fossile Rohstoffe zu fördern – das Meer als Nahrungsspender.

Die Militärs wissen am meisten

Die Tiefsee blieb weiter ein Geheimnis. Man vermutete in der lichtlosen Welt kein Leben. Erst bei der Bergung von transatlantischen

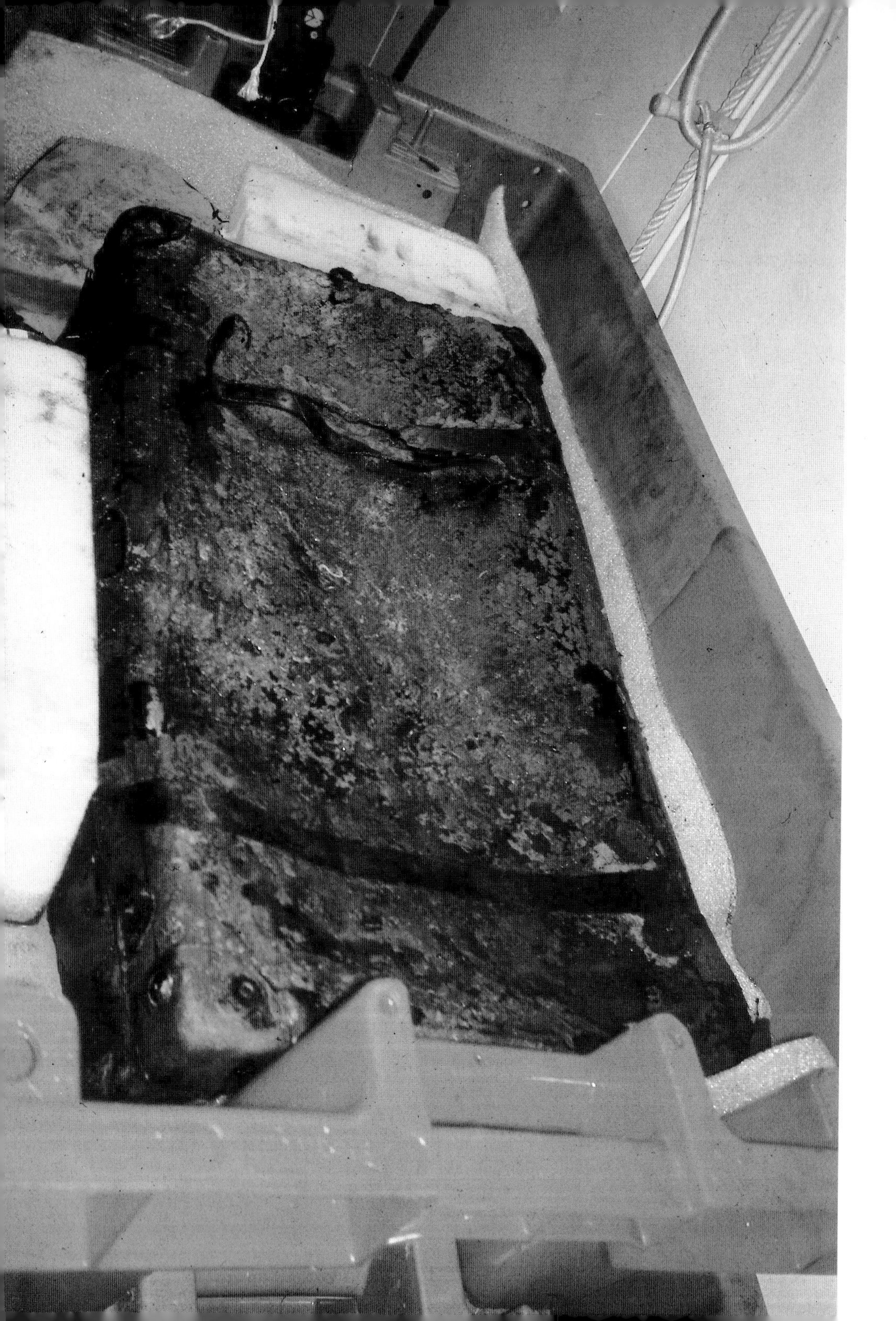

In dem Koffer Kleidungsstücke eines unbekannten Mannes: Hemden und auch ein paar Handschuhe.

Links: Der Koffer eines Reisenden der 3. Klasse wurde während der *Titanic*-Expedition '96 vom Meeresgrund geborgen. Er hat seine Form bewahrt.

Tiefseekabeln wurde die Wissenschaft hellhörig. Den Mantel der Kabel hatten sich zahlreiche Lebewesen als Halt ausgesucht. Man war überrascht – die Tiefsee doch keine Wüste?

Die Tiefsee ist auch heute noch weitgehend unerforscht. Militärische Interessen sind hauptsächlich der Antrieb für die Neugierde. Die Kenntnisse über die Strömungsverhältnisse, das Wissen über die Struktur des Meeresbodens nehmen nur langsam zu. Manchmal entdeckt man jedoch geradezu Sensationelles: Mit *Alwin* stieß man am Mittelatlantischen Rücken in 3000 Meter Tiefe auf schwarze Schlote, die mit Metallen angereichertes Wasser wie kleine Vulkane ausspeien. In der Umgebung dieser schwarzen Raucher haben sich Lebensgemeinschaften entwickelt, deren Lebenszyklus ohne das Licht der Sonne auskommt. Hier hoffen die Wissenschaftler, das Geheimnis der Bildung von Erzlagerstätten zu lüften. Große Manganknollen-Felder versprechen neue Möglichkeiten für die Versorgung mit Rohstoffen.

Die Interessen der heutigen Meeresforschung sind global, der gesamte Wasserkörper steht im Mittelpunkt. Im Vordergrund stehen Projekte zur Versorgung der Menschen mit wertvollen Eiweißen und die Exploration neuer Rohstoffquellen. Neben der traditionellen Marikultur werden verstärkt Ocean-Ranging-Projekte durchgeführt. Fische werden an Land in Tanks bis zu einer speziellen Reifestufe gezüchtet und dann im Meer ausgesetzt. Die Prägung an das Gewässer führt zu einer Standorttreue der Tiere, die dann nach dem Erreichen einer bestimmten Größe gefangen werden. Neben Norwegen spielt vor allem Japan eine große Rolle in dieser Verbesserung herkömmlicher Nutzungsverfahren der marinen Biomasse.

Titanic fördert öffentliches Interesse

Projekte, die den Lebensraum Meer als Versorgungsquelle für den immer größer werdenden Hunger der Menschheit erforschen, werden ergänzt durch globale Analysen der Umweltparameter des Ozeans. Im Rahmen der Joint Global Ocean Flux Study (JGOFS) wird zum Beispiel der CO_2-Haushalt der Ozeane erforscht. Weltumfassende Untersuchungen sollen die Entwicklung des Treibhauseffektes erkunden. Das Meer als gewaltiger Kohlenstoffpuffer.

Bis heute ist nur ein Bruchteil des blauen Kontinents erforscht. Das Engagement der Staatengemeinschaften ist bislang noch eher auf die extraterrestrischen Räume gerichtet. Noch ist das finanzielle Engagement zur Erforschung der Tiefsee eher bescheiden – nur was direkten Profit bringt, wird auch gefördert –, aber im Meer kann die Zukunft der Erde liegen.

Die Notwendigkeit der weiteren Erforschung der Meere wird bislang immer erst dann in das Bewußtsein der Öffentlichkeit gerückt, wenn spektakuläre Expeditionen mit modernster Technologie vermeldet werden. Bei den *Titanic*-Expeditionen hat das französische Meeresforschungsinstitut IFREMER die Tauchtechnologie mit dem Mutterschiff *Nadir* und dem Tauchboot *Nautile* gestellt. Die *Nautile*, eingesetzt bei vielen anderen Forschungsreisen, arbeitet vor allem für meeresgeologische und vulkanologische Forschungen am Meeresboden, durch die immer weiter enthüllt werden konnte, wie konvektionelle Strömungen im Erdmantel die Oberfläche unseres Planeten formen.

Mit dem öffentlichen Interesse, das den Mythos *Titanic* umgibt, mit der Erkundung des Wracks in 3800 Meter Tiefe, steigt auch das öffentliche Interesse an der Tiefseeforschung. So besteht die Chance, daß durch die Erkundung der *Titanic* nicht nur das Interesse an naheliegenden Forschungsgebieten weiter geschürt wird, sondern auch das öffentliche Interesse überhaupt die öffentliche Hand bewegen könnte, mehr Gelder für die Tiefseeforschung bereitzustellen.

Gruppenbild mit den Besatzungen von *Ocean Voyager, Nadir* und *Killabuk* zum Abschluß der *Titanic*-Expedition 1996.

IFREMER

Schlußwort

Viele Menschen sind nach kurzer Beschäftigung mit der *Titanic* fasziniert und forschen, jeder auf seine Weise, an dem Mythos *Titanic*. Das Thema *Titanic* wird in immer neuen Formen dargestellt: Ausstellungen, Bücher, Diskussionen, Filme werden ihren Weg begleiten und sie in einem neuen Licht gestalten. In ihr manifestieren sich die Meinungen von Generationen und deren Ansichten zum Leben. Vielleicht liegt es daran, daß mit der *Titanic* eine eigene kleine Welt untergegangen ist, die jetzt wie ein Spiegel vor uns steht, der die Menschen und ihre Ansichten zeigt. Jeder findet in ihm sein Bild – mögen es vielleicht die Hybris unserer Gesellschaft sein oder der Ausdruck von Menschen, die das Risiko eingehen, zu ihr zu tauchen.

Die *Titanic* ist Projektionsfläche von Erfahrungen, die den Menschen Bilderwelten gibt, die aus ihrer Phantasie entstehen: Mag die Wissenschaft auch Aufklärung über alles geben können, so wird sie nichts gegen die Bilderwelten tun können, die aus diesem Schiff und seinem Untergang gespeist werden.

Für die Historiker wird sie immer ein Streitfall bleiben. Entgegen der Meinungen vieler, die sich gegen die Erforschung des Wracks aussprechen, glauben wir daran, daß durch die Untersuchung des Wracks die Geschichte der *Titanic* nicht beendet, sondern wieder und wieder neu belebt wird.

Wie ein nicht aussterbender Dinosaurier verhält sich die *Titanic*, ihre titanische Kraft erweckt Bilder, Gefühle und Träume in uns, die wir vermeintlich aus unserem Alltag verdrängt haben. Die *Titanic*, ruhend in den Tiefen des Meeres, wirkt wie ein Kraftwerk der Emotionen, denen sich kaum jemand verweigern kann: Über 3000 Bücher haben sie zum Gegenstand, an die drei Dutzend Filme erzählen von ihr, sie ist Inhalt einer Oper, Titel eines endgültigen Satiremagazins, Vorlage für Bastelbögen, Allegorie, Metapher und Projektion zugleich. Die mindestens wissenschaftlich angehauchten Mitglieder der weltweit bestehenden „Titanic Societies“ sind, außer in Habitus und ihren gesellschaftlichen Gepflogenheiten, letztlich nicht so verschieden von Betreibern und Besuchern des „Café Titanic“ in Berlin-Prenzlauer Berg. Sie wähnen sich alle am Abgrund, aber sie stehen doch auf festem Boden.

Glück und Unglück leben in der *Titanic* dicht beieinander weiter: das Glück der Menschen, in ihr etwas zu erkennen und neu entwickeln zu können, das Unglück, mit der Katastrophe leben zu müssen. Sie wird ein Mythos bleiben.

Quellen

Abbildungen

RMS Titanic, Inc./Voyager Titanic Exhibition GmbH: Seite 10, 11 (2), 15, 23, 27, 31, 34/35, 37, 38, 39, 40, 43, 45, 46 (2), 47, 49 (3), 50, 51, 52 (2), 53, 54, 55, 56/57, 59, 60 (2), 61, 66/67, 70, 71, 74, 75, 78/79, 83, 85, 98, 105, 109, 112, 113, 115, 120, 121 (2), 127, 129, 133, 135, 137, 138, 140, 144, 146, 150, 151, 154/155

LP3: Seite 42, 64 (2), 97, 106, 114, 118, 119, 126, 139, 142, 143, 147

Claes-Göran Wetterholm: Seite 2, 14 (2), 36, 122 (2), 123, 124, 125 (29, 134

Texte

Der Abschnitt „Die Emigration aus Europa“ (S. 18–29) wurde entnommen dem Buch von Claes-Göran Wetterholm, Titanic; Förlag Båtdokumentationsgruppen HB, Skärhamn 1988, 2. Aufl. 1996, S. 11–20

Der Abschnitt „Gerhart Hauptmann über eine Schiffsreise im Jahre 1912“ (S. 16–17) wurde entnommen aus: Gerhart Hauptmann, Atlantis; in: Sämtliche Werke, Band V der Centenar-Ausgabe, herausgegeben von Hans-Egon Hass, Propyläen Verlag, Berlin 1962. Mit freundlicher Genehmigung des Propyläen Verlags

Register

(die kursiven Zahlen verweisen auf Abbildungen)